Inhalt

Weitere Übungen

Einleitung

Liebe Hundefreunde,

in den letzten Jahren hat sich im Bereich der Hundeerziehung einiges getan. Die Ausbildungsmethoden sind moderner geworden und lernbiologische Grundsätze werden immer stärker berücksichtigt.

In diesem Buch möchte ich Ihnen einige wesentliche Punkte dieser Lerntheorien so nahe bringen, dass Sie sie im Training mit Ihrem Hund nutzen können. Parallel dazu werden einige hundetypische Verhaltensweisen bzw. „Sichtweisen" beleuchtet. Wenn Sie vor dem Training immer auch die „Hundesicht" mit den sich daraus ergebenden „Hunderegeln" einbeziehen, werden Sie viel bessere Trainingserfolge verbuchen können.

Gute Gründe für die Hundeerziehung

Oft werde ich gefragt, ob es für die Hunde nicht eine Last ist, wenn wir sie so erziehen, wie wir sie haben wollen. Und ob es nicht viel schöner für sie wäre, wenn wir sie „einfach Hund sein" lassen. Ich denke, nein! Es gibt gute Gründe für die Hundeerziehung.

Für Menschen und Hunde bedeutet die Erziehung allerdings Unterschiedliches:
Wir Menschen möchten mit einem Hund leben,
- der uns selbst und andere nicht stört,
- der in der Öffentlichkeit keine Gefahr darstellt,
- mit dem wir nicht negativ auffallen (in welcher Weise auch immer),
- der uns im Alltag ohne Probleme begleitet.

Selbstverständlich gibt es noch etliche andere Eigenschaften, die der Hund, mit dem man lebt, nach unseren Vorstellungen haben sollte. Jedem Hundebesitzer fallen sicherlich noch mehr Dinge ein, die sein Hund unbedingt können sollte oder auf keinen Fall tun darf. Der Hund hingegen hat einerseits weniger Ansprüche, andererseits aber auch kaum Wahlmöglichkeiten.

Das Wichtigste für den Hund ist,
- dass er in einem sozialen Gruppenverband lebt, in den er als vollwertiges Mitglied integriert ist,
- dass er ausreichend geistige Beschäftigung bekommt,
- dass er laufen, spielen und toben darf.

Wenn man unter Berücksichtigung dieser Aspekte eine Strategie für das Zusammenleben erstellt, kommt man zu dem Schluss, dass es für uns Menschen durchaus von Vorteil ist, dem Hund möglichst genau zu vermitteln, was wir von ihm erwarten. Damit beugt man unnötigen Missverständnissen vor. Aber auch der Hund soll auf seine Kosten kommen. Wer ihn einerseits voll in die Mensch-Hund-Gruppe integrieren und gleichzeitig ausreichend beschäftigen möchte, muss ihm zwangsläufig einige Dinge beibringen.

Damit der Hund seinen Charakter voll entfalten kann, sollten Sie sich im Zusammenleben und vor

Mit wohlerzogenen Hunden kann man an Joggern problemlos vorbeigehen.

Auch Kinder können unter entsprechender Anleitung sehr gut Gehorsamsübungen mit dem Hund trainieren. Beiden Parteien bereitet das großen Spaß.

allem im Umgang mit dem Hund daran orientieren, wie die Gruppenstruktur von Hunden untereinander aufgebaut ist und welche Regeln dort herrschen. Bedenken Sie, dass der Hund schon genug damit zu tun hat, einige wichtige Wörter aus der menschlichen Sprache zu lernen, und zwar sowohl Körpersprache-ausdrücke als auch Signale aus dem Hundetrainingsbereich. Er hat nicht die Möglichkeit, wie ein Mensch zu denken. Wir hingegen haben sehr wohl die Möglichkeit und mittlerweile auch das Wissen, ihn wie einen Hund zu behandeln und auf Situationen in „hundetauglicher" Weise zu reagieren.

Wenn Sie den Hund nicht anleiten und einfach nur tun lassen, was er möchte, kommt es zwangsläufig in verschiedenen Bereichen zu Problemen. Über private Probleme mit dem Hund könnte man ja vielleicht noch hinwegsehen, aber im öffentlichen Leben kann es schnell zu Reibereien kommen, wenn Sie Ihren Hund nicht kontrollieren können. Außerdem kommt dabei aber auch der Hund selbst zu kurz, denn es entspricht seiner Veranlagung als Rudeltier, Entscheidungen im Gruppenkontext zu fällen. Ein Hund, der jede Entscheidung alleine fällen muss, hat nicht das Gefühl, einer sozialen Gruppe anzugehören. Aus seiner Sicht muss der Rudelführer die Entscheidungen für die Gruppe treffen. Sie können diese Rolle gut ausfüllen, indem Sie ihm klarmachen, welches Verhalten Sie von ihm erwarten.

Bei der Erziehung eines Hundes spielt auch seine soziale Stellung innerhalb des Gruppenverbandes eine gewisse Rolle. Es ist leichter, einen in unserem menschlichen Sinne untergeordneten Hund anzuweisen, zu leiten und zu erziehen als einen, dem wir – aus seiner Sicht gesehen – unterlegen sind. Um unsere eigenen Gruppenleiterqualitäten unter Beweis zu stellen, ist nicht viel Mühe notwendig (siehe Seite 17).

Das Training

Um einen schnellen Trainingserfolg zu erreichen, sollten Sie sich vor dem Start zumindest einen groben **Übungsplan** zurechtlegen. Dieser kann während des Trainings noch verfeinert werden. Der Übungsplan sollte den **Übungsaufbau** und die ersten Stufen der **Ablenkung** umfassen, so dass Sie immer ein klares – allerdings nicht zu hoch gestecktes – Ziel vor Augen haben.

Regeln für den Hundebesitzer

Bereits beim Aufbau der Übungen können Sie auf verschiedene Dinge Acht geben:

Hilfsmittel: Setzen Sie schon beim Übungsaufbau möglichst wenig Hilfsmittel und vor allem keine körperlichen Hilfen ein, wenn Sie diese später nicht benutzen wollen. Denn dann müssen Sie keinen Trainingsschritt darauf verschwenden, dem Hund zu erklären, dass er genau dieselbe Handlung ab sofort auch ohne Hilfsmittel absolvieren soll.

Wiederholungen: Bedenken Sie: Hunde verknüpfen alle Aspekte einer Trainingseinheit – nicht nur ihre eigene Handlung – mit dem dazugehörigen Signal. Damit ein Befehl in jeder Lebenslage funktioniert, sind aber zum einen viele Tausend (mindestens 5000!) Wiederholungen nötig, zum anderen muss man ihn auch mit all den möglichen Ablenkungen trainiert haben, mit denen der Hund in dieser Übung später konfrontiert werden könnte. Trainieren Sie in der Stadt zwischen Menschen, beim Spaziergang, in der Wohnung, in der Bahn – wo immer Sie die Möglichkeit haben. Nur so kann er lernen, dass das jeweilige Signal nichts mit der Umgebungssituation, sondern wirklich nur mit seiner Handlung zu tun hat. Die Summe von fünftausend Wiederholungen ist keine beliebige Größe. Wissenschaftliche Studien belegen, dass tatsächlich so viele Wiederho-

Beispiel: Rückrufkommando beim Welpen und Junghund

Ein **Welpe** orientiert sich noch relativ stark an den ihm bekannten Menschen und wird immer wieder zur Gruppe zurückkehren, die ihm Sicherheit vermittelt. Es ist eine Leichtigkeit, einen Welpen ohne Leine laufen zu lassen und ihn in den noch häufigen Momenten zu rufen, wenn er sowieso gerade guckt oder angerannt kommt. Er darf für diese „Leistung" gerne eine besondere Belohnung bekommen, z.B. ein ganz besonderes Leckerchen!

Auf diese Weise vermitteln Sie ihm das Gefühl, etwas Tolles vollbracht zu haben. Sie stärken die Beziehung und legen den Grundstein dafür, dass der Hund sich auch später und in schwierigen Situationen leichter an Ihnen orientieren wird.

Beim **Junghund** kann die Sache schon anders aussehen. Er entdeckt gerade die Welt für sich mit all ihren „Spaßfaktoren". Es ist nun nicht mehr so leicht, dem Hund klarzumachen, dass Sie selbst der größte Spaßfaktor für ihn sind... Nehmen Sie im Alltag und vor allem im Training darauf Rücksicht und lassen Sie lieber einmal eine aussichtslose Situation unkommentiert passieren. Stattdessen sollten Sie in ablenkungsfreien Momenten die Beziehung stärken und den Gehorsam – samt Korrekturwort, das einem manches Mal den Kragen retten kann – schulen. Dann steht einer ausgeglichenen Beziehung, die auf gegenseitigem Vertrauen basiert, nichts mehr im Wege. Das Trainieren des Korrekturwortes ist auf S. 96 erklärt.

lungen und Übungen nötig sind, damit der Hund eine Handlung sicher beherrscht. Dies ist auch beim Menschen nicht anders. Überlegen Sie nur, wie lange Sie für das Fahrradfahren ohne Stützräder oder das 10-Finger-System auf der Schreibmaschine trainieren mussten, bis Sie es richtig konnten! Gelegentlich sind sogar noch mehr Wiederholungen nötig, um ein zuverlässiges Beherrschen der Übung zu erreichen.

Richtige Dosierung des Trainings: Natürlich können Sie auch von einem noch jungen Hund Gehorsam verlangen. Nur sollten Sie die Momente, in denen Sie ihm Kommandos geben, immer der Situation anpassen. Verlangen Sie nicht zu viel auf einmal von Ihrem Hund und verlangen Sie es im richtigen Augenblick!

Lernbiologie

Zum Glück weiß man heute einiges über die lernbiologischen Zusammenhänge und Gehirnfunktionen. Daraus ergeben sich bestimmte Trainingsmethoden, die Sie unbedingt berücksichtigen sollten. Die wichtigsten sind hier kurz zusammengefasst:

Im Training wird häufig das Prinzip der so genannten **instrumentellen Konditionierung** genutzt. Das heißt, man setzt Verstärker ein: Lob und Belohnungen als positive Verstärker beziehungsweise Strafe als negativen Verstärker. Ein gutes **Timing** beim Einsatz dieser Verstärker ist im Hundetraining von ganz entscheidender Wichtigkeit! Wenn Sie den Hund für eine gute Handlung belohnen möchten, sollte diese Belohnung innerhalb von ca. einer Sekunde (!) erfolgen. Dasselbe gilt auch für den Einsatz einer Strafe, aber hierzu gleich mehr.

Dieses Timing gilt übrigens auch für die zweite Konditionierungsform, die so genannte **klassische Konditionierung**. Hierbei sind nicht Lob und Strafe die Verstärker, sondern die Tatsache, dass zwei Ereignisse in direkter zeitlicher Folge passieren – beispielsweise das Läuten einer Glocke, bevor das Futter gegeben wird. Über die klassische Konditionierung können Emotionen und willentlich nicht beeinflussbare Reflexhandlungen – beispielsweise der Speichelfluss vor dem Fressen – trainiert werden.

Stufenweiser Trainingsaufbau

Bei einem Hund, der gerade ein Kommando lernt – im Folgenden wird er als **Schüler** bezeichnet – ist es wichtig, dass man in zunächst ablenkungsfreien Momenten das Kommando aufbaut und sich dann in kleinen Schritten an ein immer höheres Leistungsniveau heranarbeitet.

- In dieser **ersten Phase** (je nach Schwierigkeit der Übung ca. 100 bis 2000 Wiederholungen!) ist es sinnvoll, die Übung jedes Mal zu belohnen, wenn sie glückt, um sie intensiv zu festigen und dem Hund sicher zu vermitteln, was man von ihm erwartet.
- Der Einsatz von besonders tollen **Belohnungen** macht sich bezahlt, weil man über die in Aussicht gestellte Belohnung auch die Motivation steigern kann. Futter oder Spiel stehen sehr hoch im Kurs (sind also Qualitätsbelohnungen). Sie müssen nur darauf achten, dass sich der Hund trotz hoher Motivation noch gut konzentrieren kann und durch die angestrebte Belohnung nicht zu aufgeregt ist.
- Bei einem schon etwas fortgeschrittenen Hund – hier als **Lehrling** bezeichnet – kommt es jetzt darauf an, das trainierte Kommando immer weiter zu festigen. Der Einsatz von Belohnung sollte nun unregelmäßig erfolgen. Es gilt tolle, prompte Leistung immer wieder auch mit extrem guter Belohnung zu „bezahlen", denn das steigert die Motivation ungeheuer. Menschlich ausgedrückt stachelt die leichte Ungewissheit, ob er überhaupt und wenn ja, vielleicht etwas sehr Gutes bekommt, enorm den Ehrgeiz an.
- In dieser **zweiten Trainingsphase** (mindestens weitere 3000 Wiederholungen!) sollten die verschiedensten Ablenkungen trainiert werden, um den Hund im Kommando zu festigen. Wichtig ist immer, dass die Übungen dennoch umsetzbar bleiben. Das heißt: Zu starke Ablenkungen führen zu häufigen Fehlern, und aus den Fehlern lernt der Hund nicht, wie er es richtig machen soll. Er lernt nur (und das sollte im Sinne eines gezielten Übungsaufbaus vermieden werden), dass es unter dem Kommando noch andere Handlungsmöglichkeiten gibt.
- Auch wenn der Hund das Kommando schon gut gelernt hat – er also zum **Meister** geworden ist –,

Wichtig:
Jede Form der Aufmerksamkeit stellt für den Hund eine Belohnung dar, denn was für die Hunde am meisten zählt, ist im Mittelpunkt zu stehen. Ob diese Aufmerksamkeit positiv gefärbt ist (in Form eines Lobes) oder negativ (in Form einer Strafe), spielt dabei keine Rolle. Auch mit einer Strafe verstärkt man also indirekt – über die Zuwendung – das Verhalten!

sollte man gelegentlich Belohnungen einsetzen. Dies kann nun aber seltener und auch in der Qualität variabler erfolgen. Hin und wieder sollten Sie eine besonders tolle Leistung aber auch gebührend belohnen, um die Begeisterung wachzuhalten, mit der der Hund seine Übungen absolviert.

Strafe

- Für den Einsatz von Strafe gelten im Prinzip dieselben Regeln. Sie sind nur wesentlich schwerer umzusetzen und bergen einige Tücken. Mit Strafe kann im besten Fall erreicht werden, dass ein bestimmtes Verhalten nicht mehr oder zumindest seltener gezeigt wird. Der Hund lernt aber nicht, wie er sich stattdessen in unserem Sinne verhalten soll.
- Vertrauensverlust und Stress sind bei unsachgemäßem Einsatz von Strafe vorprogrammiert. Da Strafe eingesetzt wird, um eine Handlung zu beenden oder eine vollendete Tat zu ahnden, hat der Hund in der „Situation der Strafe" keine Wahl mehr. Er kann das Geschehene nicht mehr gutmachen.
- Strafen sind nur dann sinnvoll, wenn man das bestimmte Verhalten immer bestraft! Sonst hält die Hoffnung, doch immer einmal ohne Strafe davonzukommen, die Motivation aufrecht, das Verhalten zu zeigen.
- Eine Strafe muss wirkungsvoll genug sein, um das Verhalten sofort zu unterbrechen. Strafen, die man ständig wiederholen muss, sind nicht wirkungsvoll! Starke Strafen sind aber erhebliche Stressfaktoren oder gar tierschutzrelevant.
- Beim Einsatz von Strafe ist die Gefahr, dass es zu einer Fehlverknüpfung kommt, groß. Angstverhalten und Frustration können die negativen Konsequenzen sein.

Belohnung

Belohnungen, die beim Hund besonders **hoch im Kurs** stehen:
- Futterbelohnungen: Sie sollten klein, lecker (!) und weich sein.
- Spiel oder Zugang zum Spielzeug: Der Hund muss eine positive Beziehung zu dem Objekt haben und es sollte für uns gut in der Handhabung sein.
- Zuwendung und Aufmerksamkeit.

Zusammenfassung Trainingsaufbau

Es ist sehr einfach und für beide Parteien stressfrei, einen Hund über das Belohnungsprinzip zu erziehen. Auch längerfristig ist es wirkungsvoller, denn das Gehorchen macht dem Hund dann Spaß. Er wird auch in Zukunft nicht versuchen, Ihnen und Ihren Kommandos zu entgehen, wie es bei der Ausbildung über das Strafprinzip oft der Fall ist. Strafe richtig einzusetzen ist sehr schwierig und kann als Möglichkeit vernachlässigt werden. Wenn einem mit einer Belohnung einmal etwas nicht glückt, lernt der Hund zwar in diesem Moment nicht das Richtige, aber es entstehen auch keine gravierenden Folgeprobleme oder Stress.

Zeichnung rechte Seite:
Hunde setzen Beschwichtigungsgesten ein, um Konflikte zu lösen oder um Freundlichkeit zu demonstrieren. Einige dieser Gesten können wir Menschen gut nachahmen. In der Kommunikation mit dem Hund wirken wir dann nicht bedrohlich. Wir signalisieren dem Hund unsere gute Absicht und dass er bei uns sicher ist. Blinzeln (1), den Kopf und den Blick abwenden (2), sich klein machen (3), sich mit etwas anderem beschäftigen (4), nicht frontal auf den anderen zugehen (5) oder Abstand zueinander halten (6) sind ganz deutliche Beschwichtigungsgesten.

Vorsicht vor anderen Beschwichtigungsgesten wie Gähnen, Kratzen oder ein kurzes Schlecken über die Lippen. Durch solche Gesten wird auch eine Unsicherheit demonstriert. Sie sind deshalb nicht für den Einsatz geeignet, denn Ihr Hund soll sich an Ihnen als sicheren und souveränen Gruppenleiter orientieren können.

1

2

3

4

5

6

Lernblockaden

Besonders gute Lernerfolge werden Sie haben, wenn Sie die eben besprochenen Trainingsprinzipien berücksichtigen. Es gibt aber auch Situationen, in denen die Lernfähigkeit stark eingeschränkt ist oder irgendwann nicht mehr funktioniert. Neben Krankheiten führt das Erleben von **Stress** zur Lernblockade. Das liegt an der Ausschüttung von bestimmten Hormonen aufgrund der Reaktion des Körpers auf den Stress. Diese wirken teils direkt, teils indirekt im Gehirnstoffwechsel und beeinflussen dort die Fähigkeit zu lernen. Das Abspeichern neuer Informationen und das Umlernen schon erlernter Information ist in starken Stresssituationen nicht mehr möglich.

Das ist übrigens auch beim Menschen nicht anders. So ist es beispielsweise in einer starken Stresssituation oder unter starker emotionaler Beanspruchung (Angst, Freude, Trauer etc.) nicht möglich, ein Gedicht auswendig zu lernen. Ebenso wenig können in starken Stresssituationen bereits gelernte Informationen abgerufen werden. Jeder kennt dieses Phänomen als „Lampenfieber" und „Black-out". Es lohnt sich also in keiner Weise, sich über den „Ungehorsam" oder die „Dummheit" des Hundes in diesem Moment zu ärgern. Er reagiert in Stresssituationen rein biologisch! Im Training und im alltäglichen Umgang mit dem Hund sollten diese Tatsachen Berücksichtigung finden.

Es macht sich generell bezahlt, wenn es doch einmal zu einer Stressreaktion kommen sollte, ganz gezielt so genannte **Anti-Stressoren** einzusetzen. Hier einige Beispiele:

- Die Gelegenheit zu **spielen** (beim Hund besonders das Rennen) oder einmal völlig abzuschalten ist ein wirkungsvoller Anti-Stressor.
- Die Bereitstellung von ausreichend **Wasser** ist im Training und im Alltag essentiell, wird aber gerade im Training leider oft vernachlässigt. Dabei ist Durst ein starker Stressfaktor, der leicht vermieden werden kann.
- Auch wir Menschen können als Anti-Stressoren auftreten bzw. dem Hund über bestimmte Körpersprachesignale unsere gute Absicht übermitteln und ihm dadurch ein Gefühl von Sicherheit geben. Gleichzeitig sollte strikt darauf geachtet werden, Drohgesten zu vermeiden. Die so genannten **Beschwichtigungssignale** sind sehr wirkungsvolle Anti-Stressoren. Sehr vereinfacht kann man sagen, dass Beschwichtigungsgesten das Gegenteil von Drohgesten sind. In der Zeichnung auf Seite 9 sind einige Beschwichtigungsgesten gezeigt, die man auch sehr gut in den Alltag oder die Trainingssituation einbinden kann.

Optimale Trainingssituationen schaffen

Um optimales Lernen zu ermöglichen, **vermeiden Sie** in der Trainingssituation strikt folgende Dinge:

- Direkte Bedrohung durch andere Hunde oder durch den Trainer, den Besitzer oder andere Menschen, beispielsweise bei unsachgemäßem Einsatz von Strafen oder durch Körpersignale und negative Emotionen wie Wut, Ärger, Missmut.
- Druckmittel, also den Einsatz sämtlicher Starkzwangsmittel, Schmerzen erzeugender Hilfsmittel, Leinenrucken oder körperliche Hilfestellungen, die bedrohlich wirken, wie den Hund in die Sitz- oder Platz-Position zu drücken.
- Eine für die jeweilige Situation oder den akuten Trainingsstand zu hohe Trainingsanforderung.
- Einen hohen Lautstärkepegel oder zu große Trainingsgruppen, so dass zu viel Ablenkung herrscht.

Methoden und Hilfsmittel

Es gibt ein paar Kommandos, die das Zusammenleben extrem vereinfachen, wenn der Hund sie beherrscht. Im zweiten Teil des Buches finden Sie den Übungsaufbau der Grundkommandos detailliert beschrieben sowie die entsprechenden Trainingsanleitungen zu den einzelnen Übungen. Für den Übungsaufbau gibt es einige allgemeingültige Regeln sowie verschiedene Trainingsmethoden und Hilfsmittel. Diese werden jetzt kurz vorgestellt.

Lobwort und Aufbau des Signals

Bei neuen und schwierigen Übungen sollten Sie dem Hund für gute Leistung besonders wertvolle Belohnungen bieten. Sobald eine Übung verstanden ist und man auf ein intermittierendes, also unvorhersehbares oder unregelmäßiges Belohnungsschema umstellt, kann ein Lobwort eingesetzt werden, um dem Hund auch in den Momenten, in denen er keine „echte" Belohnung bekommt, zu vermitteln, wie brav er war.

Mit der Stimme gelobt zu werden steht für Hunde nicht besonders hoch im Kurs, wenn ihm dies nicht in einer „Übung" als etwas besonders Tolles dargestellt wurde.

Als Lobwort sollten Sie etwas wählen, was einem gut über die Lippen geht und was man gut in freundlichem und fröhlichem Tonfall sagen kann. Wörter wie „fein", „brav", „super", „gut gemacht" oder „prima", um ein paar Beispiele zu nennen.

Um dem Hund nun die Bedeutung dieses Wortes zu vermitteln, müssen Sie das erwählte Lobwort einfach immer wieder sagen und den Hund mit einer Qualitätsbelohnung (Spiel oder Futter) belohnen. Auch in Übungen können Sie es von Anfang an in Zusammenhang mit der herkömmlichen Belohnung einsetzen, bis Sie irgendwann dazu übergehen, es in den oben angesprochenen Situationen anstelle der Qualitätsbelohnung einzusetzen. Der Hund hat dieses Wort dann längst mit der Belohnungssituation in Verbindung gebracht und weiß, dass es bedeutet, dass er alles richtig gemacht hat.

Sicherheitskommando

Menschlich ausgedrückt gehen Hunden Dinge, die sie tagtäglich machen, in Fleisch und Blut über. Es empfiehlt sich, von vornherein ein Spezialkommando als „Sicherheitskommando" aufzubauen. Je besser und vor allem auch je häufiger solch ein Sicherheitskommando trainiert wird, umso größer ist die Wahrscheinlichkeit, dass es in Stress- oder Ablenkungssituationen abrufbar ist (siehe Seite 112). Als Sicherheitskommando eignet sich im Prinzip jedes Kommando, das eine gewisse Ruhe vom Hund verlangt. Ich denke, am besten dazu geeignet sind deshalb die Angucken-Übung und/oder das Sitz-Kommando.

Die Devise im Übungsaufbau für das Sicherheitskommando ist: Diese Handlung gilt es in jeder Lebenslage zu festigen. Nichts sollte erlaubt sein, ohne dass der Hund diese Handlung vorher gezeigt hat. Also beispielsweise **SITZ** vor dem Leine-Anlegen, vor dem Türen-Öffnen, vor dem Hinstellen des Fressnapfes, vor dem Abmachen der Leine beim Spaziergang, immer beim Überqueren einer Straße (auch an einer Ampel!), vor jedem Leckerchen zwischendurch, vor jedem Spiel, vor jeder Liebkosung, vor *allem*, was der Hund wertschätzt oder gerne haben möchte.

Auch ohne spezielle Situationen sollte das Sicherheitskommando im Alltag besonders häufig geübt und entsprechend belohnt werden. Der Hund soll wissen: Das macht immer Spaß und führt immer zum Erfolg! Nach und nach sollten dann auch immer schwierigere Situationen einkalkuliert werden.

Aber damit das Sicherheitskommando dem Hund auch wirklich immer Spaß macht, darf nicht in *zu* schwierigen Situationen geübt werden. An ein braves Ausführen des Befehls sollte sich zunächst für lange Zeit auch immer eine tolle Belohnung anschließen, um dem Hund den Erfolg seiner Handlung klar vor Augen zu führen. Oft ist für den Hund die beste Belohnung, ihm das zu gönnen, was er gerade tun wollte.

Auflösekommando

Es macht sich bezahlt, dem Hund von Anfang an zu vermitteln, dass jede Übung immer mit einem Auflösekommando beendet wird. Ohne dieses Freizeitzeichen darf er sich nicht trollen. Für den Aufbau eines solchen Kommandos ist ein hohes Maß an Konsequenz erforderlich! Entlassen Sie den Hund also nie ohne Ihr entsprechendes OK aus der Übung.
Fährt der Hund mit der Übung fort, obwohl Sie sie aufgelöst haben, ist dies kein Fehler. Es ist egal. Sollte der Hund eine Übung einmal eigenständig beenden, bevor er das Freizeitzeichen bekommen hat, sollten Sie die Übung noch einmal wiederholen und selbst rechtzeitig auflösen, bevor Ihr Hund es tut. Sie können in diesem Fall das Leistungsniveau zurücksetzen, damit die Übung auf jeden Fall mit Erfolg beendet werden kann.

Regeln für den Übungsaufbau

Schritt 1: Das Ziel muss klar definiert werden. Erstellen Sie eine Strategie, um dieses Ziel zu erreichen:
- Auswahl der Trainingstechnik
- gegebenenfalls Auswahl der Hilfsmittel

Schritt 2: Schaffen Sie eine Trainingssituation, in der eine hohe Wahrscheinlichkeit besteht (gegebenenfalls indem man den Hund lockt), dass der Hund die angestrebte Handlung ausführen wird.

Komplexe Übungen, die aus vielen Einzelhandlungen bestehen, sollten **gesplittet** werden, so dass alle Einzelhandlungen für sich geübt werden können. Die besten Methoden für das Trainieren solcher komplexer Handlungen sind das so genannte *Shaping* (engl.: Formung) oder *Chaining* (engl.: Aufreihung, Bildung einer Handlungskette).

Schritt 3: Neu erlernte Übungen müssen Sie nun in einer ausreichend hohen Anzahl von Wiederholungen üben, so dass der Hund in der Ausführung Sicherheit gewinnt.

Damit der Hund später eine hohe Zuverlässigkeit bei der Ausführung des Kommandos zeigt, sollten Sie – insbesondere bei den Positionsbefehlen wie SITZ, PLATZ, STEH – von Anfang an ein **Auflösekommando** einführen.

Schritt 4: Damit der Hund möglichst schnell lernen kann, sollte die Umgebung zunächst ablenkungsfrei sein und der Hund in der Anlernphase jedes Mal für seine erfolgreiche Handlung belohnt werden, bis die oben beschriebene Sicherheit erreicht ist. Leistungssteigerungen sollten Sie nur in winzigen Schritten vornehmen und immer erst dann, wenn der Hund das vorherige Trainingsziel sicher verknüpft hat und es ohne jeden Anflug von Unsicherheit oder Stress zeigen kann.

Schritt 5: Um eine sichere Generalisierung zu erreichen, muss die Übung dann in vielen verschiedenen Situationen und Umgebungen geübt werden. Auch Ablenkungen können nun mit in die Übung eingeführt werden.

Schritt 6: Die Steigerung der Ablenkung sollte in kleinen Schritten vorgenommen werden. Ihr Hund sollte im Idealfall während der gesamten Trainingsdauer keinen Fehler in der geforderten Übung machen.

Außerdem ist es wichtig, das Tier trotz der Ablenkungen immer ausreichend motivieren und konzentrieren zu können.

Schritt 7: Wenn der Hund die Übung sicher verstanden hat, kann die Belohnung von „immer" auf „gelegentlich" umgestellt werden.

Schritt 8: Befehlskontrolle: Wenn der Hund plötzlich oder vielleicht weil er „gefallen" will, die trainierte Handlung zeigt, bekommt er **keine** Belohnung mehr dafür! Belohnungen gibt es nur, wenn ihm vorher ausdrücklich der Befehl dazu gegeben wurde.

Einführung des Signals

Es gibt verschiedene Möglichkeiten ein Signal bzw. Kommando einzuführen.

„Herkömmliches Training": Das Signal wird eingesetzt während der Hund gerade die erwünschte Handlung ausführt. (Im Idealfall ganz kurz vorher, aber oft genug weiß man nicht, wann die Übung kommt. Gutes Timing ist gefragt!)

Clickertraining: Hier trainieren Sie ganz ohne Wortkommando die Übung, bis Ihr Hund sie in allen Einzelheiten vollends beherrscht. Erst dann bekommt die Übung einen Namen. Dies birgt den Vorteil, dass der Hund das Signal mit der bestmöglichen Handlung verbindet und nicht mit möglichen Fehlern oder Unsicherheiten auf dem Weg dorthin.

Tipp:
Diesen Vorteil kann man auch im herkömmlichen Training nutzen, indem man einfach länger wartet und zunächst ohne Befehl die Handlung trainiert, bis der Hund begriffen hat, worum es geht.

Bei komplexen Übungen können auch die einzelnen Teilübungen mit einem eigenen Signal belegt werden. Dies ist beim Forward Chaining (Vorwärts-Aufbau) von Vorteil und empfiehlt sich immer dann, wenn die Einzelhandlungen auch getrennt voneinander z.B. für andere Übungen oder in anderen Situationen sinnvoll eingesetzt werden können.

Im herkömmlichen Training wird der Befehl schon bei Schritt 2 eingeführt. Beim Clickertraining erst bei Schritt 7.

Clickertraining

Meist wird als Clicker ein kleines Plastikkästchen mit einer Metallfeder eingesetzt, mit dem man ein Knackgeräusch erzeugen kann. Der Clicker wird üblicherweise als positiver Sekundärverstärker aufgebaut.

Im ersten Schritt lernt der Hund, dass er immer nach diesem Geräusch ein Leckerchen bekommt. Sobald er das verstanden hat, können Sie den Clicker gezielt als Belohnungsindikator einsetzen. Wenn er eine Übung gut gemacht hat, gibt es ein Click und danach ein Leckerchen, das sich der Hund abholen darf. Mit dem „Click" wird dem Hund hierbei schon während seiner Handlung die nachfolgende Belohnung versprochen.

Im Gegensatz zu der herkömmlichen Belohnungsmethode ist es beim Einsatz eines Clickers einfacher, ein gutes Timing einzuhalten, denn wie viel Zeit zwischen dem Click und dem Leckerchen liegt, ist nicht mehr so wichtig. Es kommt darauf an, genau im richtigen Moment zu clicken. Auf diese Weise können Sie auch kleinste Verhaltensdetails ausarbeiten. Wenn Sie an Clickertraining interessiert sind, sollten Sie sich Spezialliteratur zu diesem Thema beschaffen (siehe Seite 126).

Target-Stick und Target-Konditionierung
Das Target-Training dient dem Hund zur Orientierung, um ganz zielgerichtet Übungen ausführen zu können. Als Target-Stick (engl.: target = Ziel, stick = Stab) können Sie im Prinzip einen beliebigen Gegenstand einsetzen. Bei der Target-Konditionierung kann man verschiedene Wege wählen.

Man kann dem Hund beibringen, entweder die Pfoten oder die Schnauze zielgerichtet einzusetzen. Wenn man die Konditionierung auf die Pfoten auslegt, soll der Hund lernen, den Target-Stick (in diesem Fall beispielsweise eine Fliegenklatsche) mit der Pfote anzutippen. In der eigentlichen Übung setzt man dann die Fliegenklatsche ein, um den Hund richtungs- und zielorientiert mit der Pfote etwas antippen zu lassen. Dasselbe geht auch mit der Nase.

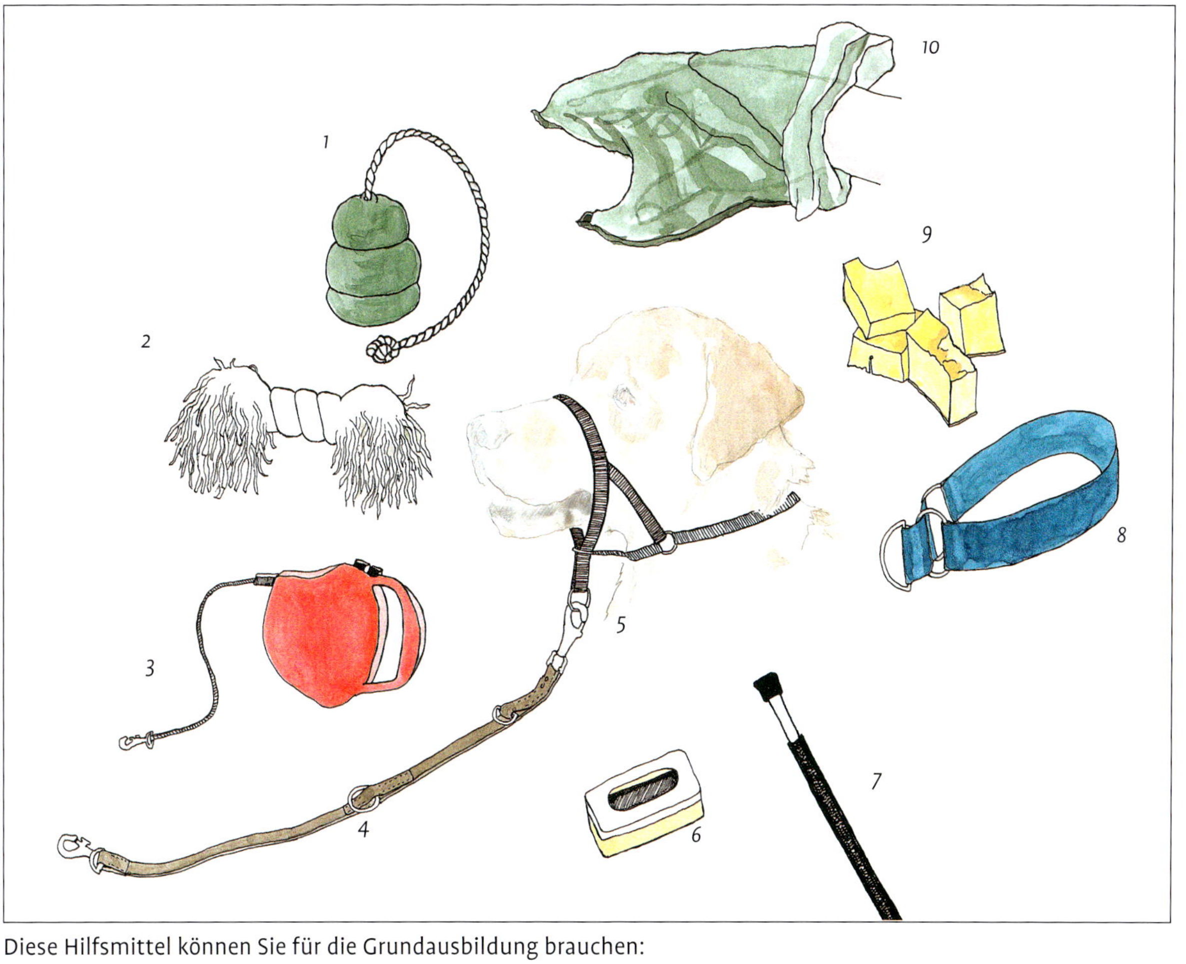

Diese Hilfsmittel können Sie für die Grundausbildung brauchen:
1 = Kong, 2 = Ziehtau, 3 = Ausziehleine, 4 = Leine, 5 = Halti, 6 = Clicker, 7 = Target-Stick, 8 = Halsband, 9 = Käse-Leckerlis oder andere Leckerchen, 10 = Tüten zum Aufsammeln von Kot.

Im zweiten Teil dieses Buches wird diese Trainingsform nochmals erwähnt (vgl. Übung Voraus S. 108).

Shaping

Als Shaping bezeichnet man die Formung einer längeren Verhaltenssequenz.

Der Clicker eignet sich hierbei hervorragend als Belohnungsindikator, um dem Hund zu sagen, dass er auf dem richtigen Weg ist. Wie bei dem Kinderspiel „Heiß oder kalt" wird jede kleine Verhaltensänderung, die den Hund näher ans Endziel bringt, mit dem Clicker kommentiert. Das Ausbleiben des Clicks signalisiert dem Hund, dass er noch nicht auf dem richtigen Weg ist. Oft zu clicken heißt wirklich gut zu beobachten und auch kleinste Verbesserungen zu erkennen. Das ist wichtig, denn sonst kann der Hund schnell unsicher werden. Wichtig ist auch, dem Hund nach jedem „Click" wirklich ein Leckerchen zu geben. Hierbei unterbricht er zwar kurzzeitig seine Handlung, aber seine Freude bei der Arbeit wird gestärkt. Sie werden sehen, Hunde setzen sehr präzise bei der Handlung wieder an, die sie mit dem „Click" in Verbindung gebracht haben.

Chaining

Eine weitere Trainingstechnik ist das Chaining. Dabei unterscheidet man das so genannte *backward chaining* und das *forward chaining*. Beim *backward chaining* wird zunächst die Handlungssequenz, die die Übung abschließt, trainiert und belohnt. Von da an werden dem Hund die einzelnen Handlungssequenzen der komplexen Übung in umgekehrter Reihenfolge beigebracht. Der Hund erwartet in diesem Fall die Belohnung erst nach der zuerst gelernten (aber in der Übungssequenz zuletzt gezeigten) Handlung. Am Schluss eine schon gut beherrschte Handlungssequenz zeigen zu dürfen, erhöht das Sicherheitsgefühl des Hundes in der Übung.

Beim *forward chaining* traininiert man die jeweiligen Handlungsabschnitte einzeln. Man kann sie jeweils mit eigenen Befehlen belegen und sie dann in der entsprechenden Reihenfolge zusammensetzten.

Beispiel Shaping:

Der Hund soll einen Ball aus einer Kiste holen.

Im Raum steht eine Kiste, in der ein Ball liegt, Sie und der Hund sind ein paar Schritte davon entfernt. Ab dem Übungsstart wird jede kleinste Regung vom Hund in Richtung der Kiste mit dem „Click" verstärkt. Vielleicht guckt der Hund zunächst dorthin. „Click" und Leckerchen. Dann geht er vielleicht einen Schritt auf die Kiste zu. „Click" und Leckerchen. Dann bekommt er das „Click" und das Leckerchen für eine weitere Annäherung an die Kiste, später für ein Schnüffeln an der Kiste, wenn er den Kopf in die Kiste steckt, wenn er den Ball berührt, wenn er ihn aufnimmt, wenn er ihn hält, wenn er sich Ihnen mit dem Ball zuwendet, wenn er ihn ein paar Schritte auf Sie zuträgt und schließlich, wenn er ihn Ihnen gibt.

Beispiel Chaining:

Der Hund soll einen Ball aus einer Kiste holen.

Beim **backward chaining** trainiert man das Ausgeben des Balles, dann das Tragen/Halten, dann das Holen eines Balles aus einer gewissen Entfernung, dann das Holen aus einer Kiste, schließlich das Hinlaufen zur Kiste, um den Ball zu holen.

Beim **forward chaining** geht man in umgekehrter, also „richtiger" Reihenfolge vor.

Motivation und Konzentration

In der Hundeerziehung läuft nichts über starre Konzepte. Hunde sind genauso individuell zu betrachten wie wir Menschen. Es gibt aber dennoch ein paar Grundregeln, um die man nicht herumkommt beziehungsweise auf deren Basis man sich das Training wesentlich erleichtert. Prompter Gehorsam und nicht zuletzt auch der Spaß des Hundes beim Training sind sowohl eine Frage der Motivation als auch der Konzentration. Beides kann man über spezielle Trainingsinhalte bzw. über den alltäglichen Umgang mit dem Hund beeinflussen.

Mittel zur Motivation

Hunde richten ihr Leben nicht danach aus, möglichen Gefahren aus dem Weg zu gehen. Sie wollen „Spaß“ haben oder anders ausgedrückt, sie versuchen stets den Weg des geringsten Widerstandes zu gehen – ein Prinzip, das uns Menschen nicht fremd ist. Auch im Handeln außerhalb gezielter Trainingssituationen gilt das Lernprinzip: Alles, was sich für den Hund als Erfolg – gleich welcher Art – darstellt, wird er wieder versuchen, alles, was ihm keinen Spaß gemacht oder gar Leid zugefügt hat, wird vermieden.

Je mehr Spaß eine Sache gemacht hat bzw. je lohnender sich dem Hund eine Situation darstellt, desto höher ist die Motivation, diesen Zustand wieder zu erreichen.

Es gibt ein paar Dinge, die für Hunde hohen Motivationscharakter haben. **Futter** ist beispielsweise solch ein starker Motivator, da es für den Hund zum Überleben notwendig ist, ausreichend Nahrung zu bekommen. Aber nicht nur über Futter, auch mit **Spielzeug** bzw. einem **lustigen Spiel** oder durch den Anreiz **rennen** zu können ist es möglich, Hunde zu motivieren.

Die Stärke der Motivation hängt natürlich immer von dem augenblicklichen Zustand des Tieres ab. Einen satten Hund kann man mit Futter nur schlecht motivieren. Dasselbe gilt für das Futter selbst. Ein Trockenfutterbrösel aus der normalen Futterration zählt meist nicht so viel wie eine leckere Scheibe Fleischwurst. Ein weiteres Beispiel: Ein alter Hund oder einer, der als Welpe nicht gelernt hat, wie viel Spaß ein Spiel macht, ist über Spielzeug oft nicht gut zu motivieren. Auch rassespezifische Unterschiede sind zu berücksichtigen.

Einige Motivationsmittel stellen gleichzeitig **Belohnungen** dar. Im Übungsaufbau kann man dem Hund diese Motivatoren ruhig noch zeigen, später braucht man dies nicht mehr. Der Hund arbeitet dann auf das Ziel hin, diese tollen Dinge möglicherweise zu bekommen. Wenn dieses Trainingsniveau erreicht ist, hat die Übung selbst Motivationscharakter bekommen und man kann sich auch für die Zukunft darauf verlassen, dass der Hund mit Feuereifer dabei sein wird, eine bestimmte trainierte Handlung zu zeigen. Trotzdem sollte jede gut ausgeführte Übung in unregelmäßigen Abständen belohnt werden.

Da Hunde für ihr Wohlbefinden **soziale Zuwendung** brauchen, stellt auch die Bereitstellung von Sozialkontakten und persönlicher Ansprache einen primären Verstärker und starken Motivator dar. Das alles ist lebensnotwendig und überlebenswichtig für die Tiere. Aber genau wie beim Futter gilt: Einen Hund, der sowieso mit sozialer Zuwendung überschüttet wird, können Sie über diese Schiene nicht erreichen.

In diesem Zusammenhang ist es wichtig, eine Grundregel der sozialen Gruppenstruktur von Hunden zu berücksichtigen: Es gibt unter Hunden **keine Gleichberechtigung!** Dies ist bei all den vielen Gemeinsamkeiten, die wir Menschen mit Hunden haben, ein wesentlicher Unterschied! Im Gruppenverband von Hunden gibt es Rechte und Pflichten. Es gibt höhergestellte Individuen, die mehr Privilegien haben, und rangniedere Gruppenmitglieder. Letztere führen aber keineswegs ein schlechteres Leben. Ganz

Wenn die Bindung stimmt, fällt es dem Hund leicht, sich auf den Besitzer zu konzentrieren.

im Gegenteil: Eigentlich ist ihr Leben sogar einfacher, denn sie müssen sich nicht um alle Belange des Lebens kümmern.

Genau zu wissen, welche Position in der Gruppenstruktur er einnimmt, verleiht einem Hund ein sehr starkes Gefühl **sozialer Sicherheit**.

Wichtig:
Besonders bei unsicheren Hunden lohnt es sich, ihnen ganz gezielt zu vermitteln, dass sie rangnieder sind, denn sie sind von der Natur nicht als Führungspersönlichkeiten vorgesehen worden und schon mit alltäglichen Situationen oft überfordert. Das kann sich in unsicherem Auftreten, Angst oder auch Aggression äußern.

Rangstellung

Auch im Sinne der Motivationssteigerung kann man das Streben des Hundes nach sozialer Sicherheit in einem festen Gruppenverband nutzen.

Ein Hund, der seinen Besitzer als Gruppenleiter anerkennt, kann von diesem leichter motiviert werden, für oder mit ihm Dinge zu erledigen.

Nur weil wir Menschen oft den Anspruch erheben ranghoch zu sein, bedeutet das nicht automatisch, dass der Hund dies unterschreiben würde! Häufig treten Kommunikationsmissverständnisse auf, die das Gefühl von sozialer Sicherheit zunichte machen. In einigen Fällen kann es sogar zu gravierenden Auseinandersetzungen wegen der Rangstellung kommen. Wenn Sie sich überlegen, wie die Rechte und Pflichten in einer Hundegruppe verteilt sind, werden Sie schnell merken, dass der oder die Gruppenleiter nicht ständig an den rangniedrigen Tieren „herumerziehen“. Sie widmen sich viel mehr den Aufgaben, die das Leben stellt, und die anderen orientieren sich an ihnen. Es ist die Aufgabe der rangniederen Tiere darauf zu achten, dass sie keine „Anweisung“ der Gruppenleiter übersehen, um den Anschluss nicht zu verpassen. Daher ist es für Sie sehr vorteilhaft, wenn Sie dem Hund die Aufgaben eines rangniedrigen Gruppenmitgliedes übertragen. Gleichzeitig müssen Sie aber auch darauf achten, sich in den Augen des Hundes wirklich als Führungspersönlichkeit zu behaupten (siehe S. 17).

Konzentrationstraining

Im Training, aber auch im Alltag ist guter Gehorsam zu einem Großteil von der Konzentrationsfähigkeit des Hundes abhängig. Nur ein Hund, der sich gut und lange auf eine Handlung konzentrieren kann, wird zuverlässig seine Übungen ausführen. Konzentrationsfähigkeit kann man üben. Ein wichtiger Inhalt der Konzentrationsübungen ist, dass der Hund lernen soll, sich auf den **Besitzer** zu konzentrieren, denn mit ihm oder für ihn soll er die Aufgaben erfüllen (siehe S. 94).

So motivieren Sie Ihren Hund

Machen Sie sich für Ihren Hund interessant und werden Sie so zum Nabel der Welt. Ihr Hund soll lernen, dass es alles Gute stets bei und von Ihnen gibt. Die Zuteilung erfolgt aber nur in Abhängigkeit von seinem eigenen (guten) Verhalten.

- Achten Sie darauf, dass Sozialkontakte (Streicheln, Kontaktliegen) in aller Regel von Ihnen begonnen und beendet werden.
- Gehen Sie auf Forderungen des Hundes nicht ein und tun Sie so, als ob Sie ihn gar nicht bemerken. Lassen Sie sich nicht von Aufmerksamkeit heischendem Verhalten täuschen und bleiben Sie hart, denn es ist zum Wohle Ihres Hundes, der auf diese Weise ein hohes Maß an sozialer Sicherheit bei Ihnen erfährt.
- Vermitteln Sie Ihrem Hund, dass er seinen Teil zu einem reibungslosen Miteinander beisteuern muss und lassen Sie ihn immer wieder eine kleine Aufgabe erledigen, bevor er sein Fressen, Leckerchen oder Spielzeug bekommt.
- Verschenken Sie nicht wichtige Dinge, mit denen Sie Ihre Führungsposition unterstreichen können. Ihr Hund darf selbstverständlich alles haben, was er zu seinem Wohlergehen braucht. Aber er muss es nicht umsonst bekommen!
- Je nach Charakter des Hundes sollten Sie ihm auch in anderen Bereichen klare Regeln aufzeigen oder in einigen Punkten auch nachgiebiger sein. Dies ist vom Einzelfall abhängig.

Qualitäten einer Führungspersönlichkeit

Im Prinzip haben wir Menschen es leicht, uns dem Hund gegenüber als Führungspersönlichkeit darzustellen, denn wir haben oder kontrollieren alles, was dem Hund lieb und teuer ist. Durch Gutmütigkeit oder weil uns die Dinge nicht so wichtig sind, kommt es aber leicht zu Missverständnissen auf Hundeseite. Eine Führungspersönlichkeit

- tritt souverän und ruhig auf
- handelt sicher
- hat die Begabung, kritische Situationen zu entschärfen
- hat es kaum jemals nötig, Aggression einzusetzen
- nimmt für sich wichtige Privilegien in Anspruch
- stellt oder sichert überlebenswichtige Dinge.

Hunden, die alles jederzeit im Überfluss haben können, wird leider nicht das Bild vermittelt, dass die jeweilige Gruppenleitung ganz besonders geschickt ist, weil sie ihnen dies alles bereitstellen kann. Ganz im Gegenteil: Sie halten sich dann selbst für ausgesprochen ranghoch. Sie können nämlich beliebige Privilegien in Anspruch nehmen und je mehr wir uns um den Hund bemühen, um so mehr wird er in seinem Glauben bestärkt, dass wir uns an ihm orientieren und nicht umgekehrt.

So seltsam es vielleicht auch klingen mag: Wirklich ernst genommen werden Sie von Ihrem Hund erst, wenn Sie ihm ab und zu auch einmal die kalte Schulter zeigen.

Das wichtigste Privileg für ein ranghohes Individuum ist, jederzeit Aufmerksamkeit einfordern oder angebotene Zuwendung ablehnen zu können.

Um Rangstärke zu demonstrieren, sollten Sie Ihren Hund möglichst häufig abblitzen lassen, wenn er eine Forderung stellt.

Dies gilt analog auch für andere Situationen: **Sie** bestimmen, wann Ihr Hund Futter bekommt. **Sie** bestimmen, wann Sie mit ihm spazieren gehen und **Sie** bestimmen, wie lange trainiert wird. Als Faustregel kann man sagen, dass Sie auch einen Hund, der in diesem Zusammenhang noch keine Probleme verursacht hat, dennoch in rund 70 Prozent der Fälle zunächst einmal abblitzen lassen sollten, um sicher die Kontrolle über das Geschehen zu behalten.

Auch nach den Regeln der Rangstärke dürfen Sie dem Hund – wenn Sie möchten – einen Wunsch erfüllen. Sie müssen nur darauf achten, dass **Sie** den Sozialkontakt **beginnen** und auch **beenden**, bevor

Ihr Hund die Lust verliert. Lassen Sie ihn hierbei einfach kommentarlos stehen, denn so handeln auch Hunde untereinander.

Programm zur Steigerung der Motivation und Konzentration

Wenn schon Trainingsprobleme aufgetreten sind oder der Hund so gut wie nicht zu motivieren und nur schlecht zu konzentrieren ist, braucht es manchmal auch einen etwas drastischeren Ansatz, um dem Hund das Weltbild zu vermitteln, das man möchte. Besonders in der Phase der Pubertät, zu Recht auch Flegelzeit genannt, kann solch ein Programm Wunder wirken. Mehr Druck im Training hingegen sollte strikt vermieden werden, denn dies würde nur das Verhältnis zwischen Ihnen und dem Hund trüben. Schlagen sie ihn lieber mit Hundepsychologie!

- Wenn Ihr Hund flegelt und im übertragenen Sinne glaubt, dass sich alles im Leben nur um ihn dreht, muss die Beziehung neu definiert werden.
- Bringen Sie Ihren Hund wieder auf den Boden der Tatsachen. Hierzu ist es allerdings notwendig, ihm erst einmal den Boden unter den Füßen wegzuziehen, damit er merkt, was er verlieren könnte, wenn er sich nicht anstrengt.
- Ignorieren Sie Ihren Hund **komplett** für etwa eine Woche! Manchmal ist auch eine längere Phase notwendig. Ignorieren bedeutet: Sprechen Sie nicht mit dem Hund, fassen Sie ihn nicht an und gucken Sie ihn nicht an! Spielen Sie nicht mit ihm, streicheln Sie ihn nicht, üben Sie nicht mit ihm. Räumen Sie sämtliches Spielzeug und andere interessante Dinge weg. Streichen Sie ein Drittel der Futterration. Lassen Sie Ihren Hund auf dem Spaziergang nur dort frei laufen, wo Sie ihn ohne zu rufen jederzeit wiederbekommen können. Sie können, um dieses Programm mit aller Konsequenz umzusetzen, sogar den Spaziergang etwas abkürzen!
- Oft ist die erste Reaktion, die man bei diesem Programm erntet, dass der Hund noch fordernder und unerzogener reagiert als sonst. Manche Hunde versuchen auf Biegen und Brechen, die Aufmerksamkeit der Besitzer zu erregen. Schließlich hat es doch sonst auch immer geklappt! Sie haben gemacht, was sie wollten und die Menschen haben sich gekümmert… Bleiben Sie unbedingt hart! Dem Hund fehlt es auch während dieser strikten Ignorier-Phase an nichts! Er will nur noch mehr von allem, und vor allem will er bestimmen, wann was und wie lange es getan wird. Denken Sie immer wieder an die Regeln der Natur, wenn Ihnen dieser Umgang schwer fällt. In der freien Natur würde auch kein Gruppenleiter eine Krise kriegen, wenn ein rangniedriges Tier quer schießt. Das jeweilige Tier würde sich entweder besinnen und bald wieder mitmachen oder aus der Gruppe ausgestoßen werden. Genau das soll dem Hund hier auch vermittelt werden.
- Wenn Sie merken, dass Ihr Hund keine Forderungen mehr stellt und sämtliches Aufmerksamkeit heischende Verhalten eingestellt hat, können Sie zum nächsten Schritt übergehen.
- Nach dieser ersten ganz harten Phase können Sie wieder mit Übungen anfangen. Um die Motivation noch zusätzlich zu steigern und gleichzeitig gute Belohnungen zur Hand zu haben, können Sie auch im Bereich der Fütterung eine kleine Umstellung vornehmen: Aus dem Napf wird zunächst nicht mehr gefüttert. Der Hund muss für jeden Happen erst beweisen, dass er brav war. Setzen Sie also zunächst das ganz normale Futter als Belohnung ein. Die Mahlzeit kann zunächst weiterhin in der Menge reduziert bleiben!
- Zuerst sollten zwei Konzentrations- und Aufmerksamkeitsübungen gemacht werden, und zwar draußen die Anschauen-Übung ohne Kommando (s. S. 19 und S. 94) und drinnen die Anschauen-Übung mit Kommando (siehe S. 19 und S. 95).
- Wenn das Rückrufkommando vor diesem intensiven Einstieg ins Geschehen nicht so gut funktioniert hat, gibt es eine Abwandlung des Plans, denn in diesem Fall kann man gleich die erste Woche nutzen, in der der Hund ignoriert werden soll. Führen Sie, während Sie den Hund den Tag hindurch links liegen lassen, ein neues noch unbekanntes Signal, beispielsweise den Ton einer Pfeife, auf ganz positive Art und Weise ein. Die entsprechende Trainingsanleitung finden Sie auf Seite 20 als Basisübung für das Rückrufsignal mit einer Pfeife beschrieben.
- Wenn Ihr Hund ungehorsam ist, während Sie dieses Programm durchziehen, lassen Sie ihn einfach stehen, gehen in ein anderes Zimmer und iso-

lieren ihn so. Ärgern Sie sich nicht, bald wird er wieder folgsamer sein!
- Ignorieren Sie Ihren Hund auch während der nächsten Zeit weiterhin im Verlauf des Tages, wenn Sie nicht mit ihm üben. Auf diese Weise wird die Zeit, in der Sie sich mit ihm beschäftigen, zu etwas Wertvollem!

Anschauen-Übung ohne Kommando

(Siehe auch Seite 94)

1. Gehen Sie mit dem angeleinten Hund an einen Ort, an dem er möglichst wenig abgelenkt wird (keine anderen Hunde, keine Menschen, keine Jagdbeute und wenig geruchliche oder optische Reize).
2. Bleiben Sie dann stehen. Vermeiden Sie direkten Blickkontakt zum Hund, sprechen Sie ihn nicht an und berühren Sie ihn nicht.
3. Warten Sie in dieser Position solange, bis der Hund Sie einmal angeschaut hat. Belohnen Sie den Hund genau in diesem Moment mit einem schmackhaften Leckerchen, einem kurzen Spiel oder einer anderen tollen Belohnung. (Falls Sie mit Ihrem Hund Clickerübungen machen, sollten Sie das Anschauen clickern und ihn dann wie gewohnt mit einem Leckerchen oder etwas Ähnlichem belohnen.)

Wiederholen Sie die Übung zirka fünfmal hintereinander. Gehen Sie aber zwischen den einzelnen Übungen immer ein paar Schritte weiter. Machen Sie diese Übung mindestens dreimal täglich.

Wenn Sie einen ersten Trainingserfolg erkennen können (sobald Sie stehen bleiben, schaut Sie der Hund erwartungsvoll an), gilt es, die Übung nach und nach unter stärkerer Ablenkung und an einer immer längeren Leine zu üben.

Ein Trainingserfolg stellt sich wesentlich langsamer ein, wenn Ihr Hund zwischendurch die Möglichkeit hat, durch andere Handlungen Ihre Aufmerksamkeit zu erregen. Es empfiehlt sich deshalb, möglichst konsequent vorzugehen und die Spaziergänge und Interaktionen draußen weitestgehend auf diese Übung zu beschränken, bis eine ausreichende Bindung erreicht ist und man sich der Aufmerksamkeit des Hundes auch in gewisser Entfernung sicher sein kann.

Diese Übung erfordert ein gehöriges Maß an Geduld vom Besitzer.

Anschauen-Übung mit Kommando

(Siehe auch Seite 95)

Sagen Sie zum Beispiel „Guck mal" und stecken Sie dem Hund ein Häppchen zu. Wiederholen Sie diese Übung immer wieder, bis er sofort auf sein „Anschauen-Kommando" reagiert und freudig auf das Häppchen wartet und Sie dabei anschaut oder sich Ihnen zumindest zuwendet. Erschweren Sie dann die Übung, indem Sie das Anschauen-Kommando sagen, die Belohnung aber einen kleinen Moment hinauszögern. Der Hund soll in dieser Zeit auf Sie konzentriert sein.

Aufbau eines Rückrufsignals mit einer Pfeife

Achten Sie darauf, das Pfeifentraining in ganz kleinen Schritten aufzubauen, denn wenn man zu schnell vorgeht, kann der Hund mangels genügend häufiger Wiederholungen niemals die Zuverlässigkeit an den Tag legen, die für einen guten Gehorsam notwendig ist. Wichtig ist, dass Sie die Pfeife in dieser Weise zunächst nur drinnen benutzen, bis eine sichere Verknüpfung erfolgt ist.

Basisübung

Vermitteln Sie dem Hund eine positive Beziehung zu dem neuen Signal. Pfeifen Sie für mindestens drei Wochen mehrmals täglich, zunächst nur zu Hause und nur direkt bei folgenden Anlässen:
- vor oder beim Fressen
- vor oder beim Spielen
- vor oder beim Schmusen
- vor dem Spaziergang

und vor jeder anderen Situation, die Ihr Hund liebt.

Wenn Ihr Hund gerade in das Programm zur Motivationssteigerung eingebunden ist und Spielen, Schmusen und abenteuerreiche Spaziergänge vom Plan gestrichen sind, soll nur vor dem Hinstellen der Mahlzeiten und bei der in diesem Fall erlaubten gelegentlichen Gabe von Leckerchen gepfiffen werden.

Wenn Ihr Hund sich beim Pfeifsignal umschaut, belohnen Sie ihn sofort!

Übung mit der Pfeife

Schritt 1: Pfeifen Sie, wenn Sie zusammen mit Ihrem Hund im selben Zimmer, aber räumlich etwas getrennt sind. Belohnen Sie ihn, wenn er sofort herankommt.

Schritt 2: Pfeifen Sie, wenn Sie nicht im gleichen Zimmer sind wie Ihr Hund. Wenn er kommt, erhält er ein dickes Lob und eine besonders attraktive Belohnung (Spiel oder Futter).

Schritt 3: Pfeifen Sie in ablenkungsfreien Situationen draußen, aber nur mit dem angeleinten Hund und belohnen Sie ein Hoch- oder Umschauen sofort mit einem besonders schmackhaften Leckerchen oder seinem Lieblingsspielzeug.

Diese drei Übungen wiederholen Sie gleichzeitig mit der Basisübung mehrmals täglich während mindestens dreier weiterer Wochen.
Achtung: Im Gehorsamstraining mit Welpen sollten Sie die Basisübung und diese ersten Fortsetzungsübungen mindestens fünf Wochen lang trainieren! Bedenken Sie, dass Welpen noch nicht gelernt haben, zuverlässig zu „arbeiten“. Dieses Training soll ihnen aber in Fleisch und Blut übergehen, damit sie später zuverlässig gehorchen.

Schritt 4: Gestalten Sie die Übung nun schwieriger, indem Sie ein Versteckspiel innerhalb der Wohnung mit dem Hund machen. Verstecken Sie sich beispielsweise hinter Türen, unter, hinter oder auf einem Tisch, unter, auf oder hinter dem Bett, Schrank etc. Das Signal, Sie zu suchen, soll für den Hund der Pfiff sein. Belohnen Sie ihn überschwänglich, wenn er Sie gefunden hat.

Schritt 5: Pfeifen Sie draußen den unangeleinten Hund in ablenkungsfreien Situationen zu sich heran. Achten Sie allerdings darauf, zunächst nur dann zu pfeifen, wenn Ihr Hund Sie gerade anschaut oder wenn er sogar schon in Ihre Richtung läuft! Belohnen

Sie Ihren Hund mit einer Qualitätsbelohnung (Spiel oder Futter).

Steigern Sie den Schwierigkeitsgrad der Übung immer gemäß dem Geschick Ihres Hundes. Trainieren Sie diese beiden Übungen wieder für mindestens drei Wochen mehrmals täglich. Tun Sie das ruhig auch in Kombination mit der Basisübung. Auch hier empfiehlt es sich, bei Welpen oder bei Hunden, denen die Übung noch nicht so optimal gelingt, die Zeit zu verlängern!

Achtung: Machen Sie nicht den Fehler, den Hund in diesem Trainingsstand aus schwierigen Situationen, beispielsweise aus einem Spiel mit Artgenossen, abzupfeifen. Sollte er nämlich nicht kommen, weil die Ablenkung zu groß ist, dann hat er gelernt, dass der Ton nicht bedeutet, dass er immer kommen muss. Der ganze Übungsaufbau wäre dann misslungen und Sie müssten das Training Schritt für Schritt erst wieder neu aufbauen.

Schritt 6: Wenn Sie das Gefühl haben, dass Ihr Hund die Anforderungen der anderen Übungen gut erfüllt, können Sie langsam den Anspruch steigern: Üben Sie nun Versteckübungen draußen mit dem unangeleinten Hund.

Schritt 7: Benutzen Sie die Pfeife ab sofort auch in zunächst leichten Ablenkungssituationen (beispielsweise wenn Ihr Hund in einer solchen Situation gerade Blickkontakt zu Ihnen hält), später auch in schwierigeren Ablenkungssituationen.

Pfeifen Sie Ihren Hund nicht nur heran, wenn er definitiv kommen soll, sondern immer wieder auch „nur zur Übung“ zwischendurch auf dem Spaziergang. Belohnen Sie ihn jetzt variabler. Setzen Sie Belohnungen aber noch häufig, und in unregelmäßigem Rhythmus auch eine ganz tolle Belohnung ein, damit das Rückrufsignal für Ihren Hund eine ganz besondere Bedeutung behält.

Bedeutung der Begriffe, die Ihnen in den Step-by-Step-Anleitungen immer wieder begegnen:

Schüler – ein Hund, der gerade ein Kommando lernt. (Erste Trainingsphase, je nach Schwierigkeit der Übung sind etwa 100 bis 2000 Wiederholungen nötig!)

Lehrling – ein etwas fortgeschrittener Hund. Bei ihm kommt es darauf an, das trainierte Kommando immer weiter zu festigen. (Zweite Trainingsphase, mindestens weitere 3000 Wiederholungen!)

Meister – der Hund, der das Kommando schon gut gelernt hat. (Über 3000 Wiederholungen.)

Ablenkungen – sind andere Hunde, Menschen, Jagdbeute und geruchliche oder optische Reize. Mögliche andere Ablenkungen sind: hüpfen, klatschen, mit den Armen fuchteln, die Beine ausschütteln, sich drehen, mit einer anderen Person reden, irgendetwas aus einer Tasche holen etc.

- Leichte Ablenkungen: Ansprechen des Hundes, leichte Bewegungen.
- Mittlere Ablenkungen: Fremde Menschen in der Nähe, schnelle Bewegungen, von fremden Menschen angesprochen zu werden.
- Starke Ablenkungen: Andere Hunde in der Nähe, auffällige Bewegungen, Umgebungslautstärke.

Schwierigkeitsgrad steigern – Zunächst sollten die Übungen in ablenkungsfreier Umgebung trainiert werden. In Abhängigkeit vom Trainingsstand und der jeweiligen Übung können Sie den Schwierigkeitsgrad steigern, indem immer mehr Ablenkungen, größere Entfernungen oder höhere Trainingsanforderungen vom Hund verlangt werden.

Auflösekommando, Freizeitzeichen – Um Zuverlässigkeit im Gehorsam zu erreichen, muss jede Übung aufgelöst werden. Ohne Auflösekommando kann der Hund nicht wissen, wann eine Übung beendet ist. In diesem Fall wird er selbst seine Entscheidungen treffen. Das Auflösekommando ist keine eigene Übung. Der Hund lernt die Bedeutung dieses Kommandos während der normalen Trainingseinheiten.

Schleppleine – Die Schleppleine dient lediglich der Sicherung gegen das Weg- bzw. Weiterlaufen. Sie ist nicht dafür gedacht, den Hund heranzuholen.

Übung SITZ

Das **SITZ-Kommando** zählt zur Grundausbildung des Hundes. Es handelt sich dabei um einen sehr nützlichen Befehl. Mit Hilfe dieses Kommandos kann man den Hund beispielsweise zur Ruhe anhalten, wenn es die Situation erfordert. **SITZ** kann man vom Hund auch in Momenten verlangen, in denen er besonders gut kontrolliert werden soll. Da **SITZ** ein besonders leicht zu erlernender Befehl ist, bietet es sich an, ihn als Sicherheitsbefehl (siehe Seite 11) aufzubauen.

Im Folgenden ist der Übungsaufbau für die verschiedenen **SITZ**-Varianten beschrieben.

Als *Sichtzeichen* für das Kommando **SITZ** kann man eine beliebige Hand- oder Fingerhaltung benutzen. Sie sollte für den Hund leicht zu erkennen sein und muss dann natürlich für diesen Befehl immer beibehalten werden.

SITZ soll für den Hund bedeuten:
Nimm umgehend den Po auf den Boden, halte aber die vorderen Beine gestreckt.

Damit er lernt, das schnell und zuverlässig zu tun, ist einiges Üben notwendig. Von Anfang an sollte jede **SITZ-Übung** mit einem Auflösekommando oder Freizeitzeichen (siehe Seite 11) beendet werden.

In dem Bildbeispiel wurde als **SITZ-Signal** der erhobene Zeigefinger gewählt.

Tipp:
Hunde lernen ein Sichtzeichen leichter als ein gesprochenes Kommando. Das kann man im Training nutzen. Sie können bereits ab der ersten Übung ein Sichtzeichen einführen. Halten Sie beispielsweise das Leckerchen mit Daumen und Mittelfinger fest, so dass Sie Ihren Zeigefinger erheben können. Der erhobene Zeigefinger ist dann als Sichtzeichen gleichbedeutend mit dem Hörzeichen **SITZ**.

SITZ auf einen Blick

SITZ

Konzentriertes VORSITZEN

SITZ auf Entfernung

SITZ aus der Bewegung

SITZ unter Ablenkung

Übungsaufbau SITZ

1 Lassen Sie Ihren Hund an einem Leckerchen schnüffeln, um sein Interesse an dem Häppchen zu wecken.

2 Führen Sie nun die Hand mit dem Leckerchen über den Kopf des Hundes hoch. Achten Sie darauf, dass er Nasenkontakt zu dem Leckerchen hält und den Blick nach Möglichkeit nicht abwendet.

3 Um das Leckerchen nicht aus dem Blick zu verlieren, muss der Hund seinen Kopf weit nach hinten oben strecken. Dabei senkt sich der Po auf den Boden.

4 Sagen Sie genau in dem Moment SITZ, wenn der Po des Hundes den Boden berührt, und geben Sie ihm das Leckerchen, mit dem Sie ihn gelockt haben.

Vorsitzen

1 Locken Sie Ihren Hund auf sich zu, indem Sie ein schmackhaftes Leckerchen oder ein interessantes Spielzeug in der Hand halten.

2 Benutzen Sie nun das Signal SITZ (Sprachbefehl, Sichtzeichen oder beides).

3 Belohnen Sie Ihren Hund.

Tipp:
Wenn Sie die Hand mit der in Aussicht gestellten Belohnung sehr eng an Ihrem Körper hochziehen, während Sie das Kommando geben, wird die Übung von Ihrem Hund noch prompter ausgeführt.

Konzentriertes SITZEN

In diesem Beispiel zeigt der Hund ein konzentriertes Vorsitzen. Die gleiche Konzentration kann der Hund aber auch beim seitlichen Sitzen zeigen.

Die Übung **SITZ** kann man ausbauen, indem man vom Hund verlangt, längere Zeit konzentriert sitzen zu bleiben. Belohnen Sie den Hund in dieser Übung für den Blickkontakt (siehe S. 95).

SITZ auf Entfernung

Bei dem gerade beschriebenen Übungsaufbau lernt der Hund zunächst, nah beim Besitzer zu sitzen. Manchmal ist es aber sehr nützlich, wenn **SITZ** auch auf Entfernung klappt. Dass dies keine unmögliche Leistung ist, müssen Sie dem Hund aber erst einmal vermitteln, denn so leicht generalisieren Hunde nicht.

Rechte Seite:

1 Üben Sie dies zunächst an einer Stelle, von der aus der Hund keine Möglichkeit hat, näher heranzukommen. Ein Zaun oder wie hier eine Bank kann als „Abstandhalter" genutzt werden.

2 Geben Sie dem Hund ein klares **SITZ**-Kommando.

3 Wenn der Hund brav sitzt, ist es wichtig, ihn möglichst prompt zu belohnen. Aufgrund der räumlichen Entfernung sind hier der Clicker oder ein Lobwort am sinnvollsten (siehe Seiten 13 und 10).

SITZ aus der Bewegung (Kombination mit der FUSS-Übung)

1 Lassen Sie Ihren Hund zunächst in ablenkungsfreier Umgebung bei Fuß gehen. (Aufbau Übung **FUSS** siehe Seite 86 ff.).

2 Geben Sie ihm das Kommando **SITZ** während der Bewegung. Am Anfang ist es für den Hund leichter, wenn Sie Ihr Schritttempo ein wenig verringern und ihm gegebenenfalls sogar ein Sichtzeichen geben.

3 Der Hund soll sich, wie hier zu sehen ist, setzen, während der Besitzer selbst weiterläuft.

4 Diese Übung ist gut gelungen. Später werden sämtliche Hilfen wie das Sichtzeichen, der langsamere Schritt und das leichte Umschauen abgebaut, bis der Hund die Übung perfekt beherrscht.

SITZ unter Ablenkung

Mit einem Lehrling kann man das **SITZ** schon unter Ablenkung trainieren.
Der Grad der Ablenkung muss dem Trainingszustand angepasst sein – hier reicht Händeklatschen.

SITZ: Fehlerfallen

Fehler: Der Hund setzt sich nicht, sondern springt nach der Hand mit dem Leckerchen. Das können Sie vermeiden, indem Sie die Hand insgesamt tiefer halten.

Fehler: Vermeiden Sie eine bedrohliche Körpersprache. Wenn Sie sich über den Hund beugen empfindet der Hund das als Drohgeste. Gehen Sie bei einem kleinen Hund zum Übungsaufbau lieber in die Hocke.

Fehler: Achten Sie darauf, den Hund nicht aus Versehen für eine andere Handlung zu belohnen.
Beispiel 1: Der Hund sitzt und soll belohnt werden. Hierzu steht er auf. So belohnen Sie das Stehen, nicht das Sitzen.
Beispiel 2: Sie befehlen **SITZ**, der Hund legt sich hin. Hierfür darf es kein Leckerchen geben! Locken Sie den Hund hoch und belohnen Sie ihn erst, wenn er sitzt.

Fehler: Wenn der Hund nur kurz sitzt und dann sofort wieder aufsteht, hat er die Übung noch nicht richtig verstanden. Er glaubt, **SITZ** heißt kurz mit dem Po den Boden berühren und weiterlaufen! Bauen Sie das Kommando neu auf und vergessen Sie nicht, die Übung mit einem Auflösekommando zu beenden (siehe Seite 11).

Fehler: Sagen Sie das Kommando immer klar und deutlich, aber nicht übertrieben scharf oder laut. Setzen Sie **SITZ** am Anfang wirklich nur dann ein, wenn der Hund gerade dabei ist sich hinzusetzen. Sonst ist die Gefahr zu groß, dass er doch stehen bleibt, während er das Sprachkommando **SITZ** hört. Dann lernt er, beim Kommando **SITZ** stehen zu bleiben!

Fehler: Sie kennen das bestimmt: Der Hund sitzt, aber er angelt mit den Vorderpfoten nach dem Leckerchen. Das ist nicht so schlimm. Die einzige jetzt wichtige Regel ist: Das Leckerchen bekommt der Hund – wie hier im Bild gezeigt – erst, wenn die Vorderfüße ruhig auf dem Boden stehen und der Hund immer noch sitzt!

SITZ: Übungsplan

Trainieren Sie unabhängig vom Trainingsstand SITZ als Sicherheitskommando.

Übungen für „Schüler"

SITZ: Sobald die Übung gelungen ist, wird der Hund belohnt.

SITZ: Versuchen Sie selber, bei dieser Übung aufrecht stehen zu bleiben.

SITZ: Warten Sie drei Sekunden und belohnen Sie Ihren Hund. Nehmen Sie dann das Kommando mit einem Auflösekommando (z.B. LAUF) zurück.

SITZ: Warten Sie fünf Sekunden und belohnen Sie Ihren Hund. Lösen Sie dann das Kommando auf.

SITZ: Halten Sie sich das Leckerchen vor die Brust oder in Augenhöhe. Warten Sie fünf Sekunden und belohnen Sie Ihren Hund. Lösen Sie dann das Kommando auf.

SITZ: Warten Sie fünf Sekunden und belohnen Sie Ihren Hund. Warten Sie drei weitere Sekunden und lösen Sie erst dann die Übung auf.

Übungen für „Lehrlinge"

SITZ: Warten Sie fünf Sekunden, wiederholen Sie das Kommando und schaffen Sie eine Ablenkung, indem Sie langsam die Arme heben und senken. Belohnen Sie Ihren Hund, wenn er sitzen geblieben ist, und lösen Sie das Kommando auf.

SITZ: Warten Sie zehn Sekunden und belohnen Sie Ihren Hund. Lösen Sie dann das Kommando auf.

SITZ: Halten Sie sich das Leckerchen vor die Brust oder in Augenhöhe. Warten Sie zehn Sekunden und belohnen Sie Ihren Hund. Lösen Sie dann das Kommando auf.

SITZ: Warten Sie 30 Sekunden, lösen Sie dann die Übung auf. Belohnen Sie Ihren Hund während dieser halben Minute für jeden Blickkontakt.

SITZ: „Verleiten" Sie Ihren Hund mit leichten Arm- oder Beinbewegungen zum Aufstehen. Belohnen Sie ihn rechtzeitig, bevor er aufgestanden ist. Lösen Sie dann das Kommando auf.

SITZ: Lassen Sie eine Hilfsperson mit einem Hund vorbeigehen. Konzentrieren Sie Ihren Hund auf das Kommando und belohnen Sie ihn für ein braves Befolgen des Befehls. Lösen Sie dann die Übung auf.

Übungen für „Meister"

Üben Sie ein ordentliches und enges **Vorsitzen**. Belohnen Sie den Hund und lösen Sie die Übung mit einem Auflösekommando (beispielsweise LAUF) auf.

Üben Sie **SITZ** in Kombination mit BLEIB. Beginnen Sie mit einfachen Übungen und steigern Sie dann schrittweise den Anspruch (größere Entfernung, außer Sichtweite, mit Ablenkungen). Belohnen Sie Ihren Hund und lösen Sie die Übung auf.

Trainieren Sie **SITZ** auf Entfernung. Nutzen Sie zunächst Situationen, in denen der Hund gar nicht herankommen kann. Gehen Sie zu Ihrem Hund, belohnen Sie ihn und lösen Sie dann die Übung auf.

Trainieren Sie **SITZ** auf Entfernung in Situationen, in denen der Hund sich auch nähern könnte. Gehen Sie zu ihm, belohnen Sie ihn und lösen Sie dann die Übung auf.

Trainieren Sie **SITZ** aus der Bewegung. Bauen Sie langsam die Hilfen ab (langsamer werden, subtil gegebene Sichtzeichen etc.). Kommen Sie jeweils zu Ihrem Hund zurück, belohnen Sie ihn und lösen Sie dann die Übung auf.

Übung PLATZ

PLATZ ist ebenfalls ein guter Befehl, um den Hund zur Ruhe anzuhalten. In der liegenden Position kann der Hund auf ein neues Kommando warten oder auch für eine gewisse Zeit abschalten. **PLATZ** zählt zu den Grundbefehlen, die im Alltag von besonderem Nutzen sind und die jeder Hund beherrschen sollte. Im Folgenden ist der Übungsaufbau für die verschiedenen **PLATZ-Varianten** beschrieben. Auch für das Kommando **PLATZ** kann man als **Sichtzeichen** eine beliebige Hand- oder Fingerhaltung benutzen. Sie sollte für den Hund leicht zu erkennen sein und für diesen Befehl immer beibehalten werden.

PLATZ soll für den Hund bedeuten: Leg dich sofort auf den Boden, sodass das Hinterteil und die Ellenbogen den Boden berühren.

Es empfiehlt sich, die Übung **PLATZ** von Anfang an mit einem Auflösekommando oder Freizeitzeichen (beispielsweise **LAUF**) zu beenden. Auf diese Weise vermeiden Sie Missverständnisse mit dem Hund, und Sie erreichen eine hohe Zuverlässigkeit.

Tipp:
Wenn Ihr Hund immer gleich wieder aufsteht, sobald Sie sich aufrichten, können Sie ihm am Anfang folgende Hilfe geben: Stecken Sie sich selbst ein Leckerchen halb unter den Schuh, sodass der Hund im Liegen daran knabbern kann. Auf diese Weise bleibt er gerne liegen. Geben Sie ihm für das brave Liegenbleiben dann eine Belohnung, möglichst aber ein neues Leckerchen aus der Hand und nicht das Hilfsleckerchen.

In dem Bildbeispiel wurde als **PLATZ-Signal** die nach unten geöffnete, gestreckte Hand gewählt.

PLATZ auf einen Blick

PLATZ

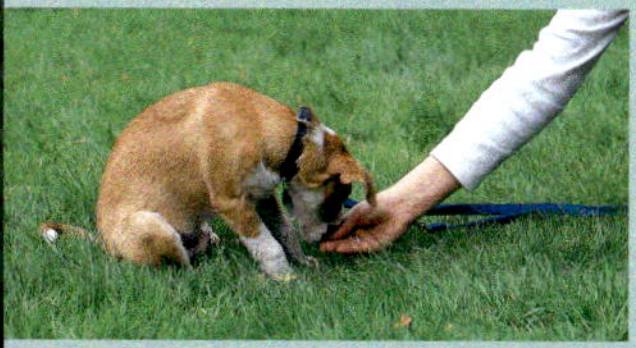

PLATZ aus dem Sitzen

PLATZ auf Entfernung

PLATZ mit Ablenkung

PLATZ aus der Bewegung

Übungsaufbau PLATZ aus dem Stand

1 Lassen Sie Ihren Hund an einem schmackhaften Leckerchen schnüffeln.

2 Führen Sie dann die Hand mit dem Leckerchen auf den Boden.

3 Halten Sie die Hand mit dem Leckerchen am Boden und lassen Sie den Hund am Leckerchen knabbern. Ziehen Sie die Hand hierbei nicht weg!

4 Sobald sich der Hund bei dem Bemühen das Leckerchen zu bekommen hinlegt, geben Sie es ihm frei und sagen dazu in freundlichem Ton deutlich **PLATZ**.

Tipp:
Brechen Sie die Übung nicht ab, auch wenn sich der Hund nicht sofort hinlegt. Warten Sie geduldig, bis er es irgendwann tut. Solange er Interesse am Leckerchen hat, wird die Übung gelingen.

Unterbrechen Sie den Hund auch nicht, wenn er zunächst vielleicht an der Hand mit dem Leckerchen kratzt oder sich hinsetzt und bellt oder Ähnliches. Er soll selbst herausfinden, dass nur das Hinlegen zum Erfolg führt.

Übungsaufbau PLATZ aus dem Sitzen

Manchmal gelingt es nicht, den Hund auf die links beschriebene Weise aus dem Stand ins **PLATZ** zu bringen. Versuchen Sie dann **PLATZ** über die **SITZ-Position** aufzubauen.

1 Führen Sie das Leckerchen eng am Körper des sitzenden Hundes nach unten.

2 Schieben Sie dann die Hand weiter auf den Hund zu, sodass er sich regelrecht verrenken muss, um mit der Nase weiterhin am Leckerchen bleiben zu können.

3 Sobald der Hund sein Gewicht verlagert und sich nach hinten hinlegt bekommt er das Belohnungsleckerchen zugesteckt. Geben Sie dem Hund das Kommando **PLATZ**, während er sich hinlegt.

PLATZ auf Entfernung

Für die Übung **PLATZ** auf Entfernung empfiehlt es sich, eine Barriere – hier ist es ein Gartenzaun – zu Hilfe zu nehmen, sodass der Hund nicht näher kommen kann, um direkt bei Ihnen **PLATZ** zu machen.

1 Geben Sie das Kommando **PLATZ** mit dem Sichtzeichen aus einer gewissen Distanz.

2 An der Stelle, an der der Hund **PLATZ** machen soll, kann man auch ein paar Leckerchen auf den Boden streuen. Auf diese Weise hat der Hund keine Veranlassung, den Ort, an dem **PLATZ** verlangt wird, zu verlassen.

Tipp:
Wenn **BLEIB** schon gut klappt, ist es für einige Hunde einfacher, **BLEIB-PLATZ** zu verlangen.

Wenn mit dem Clicker trainiert wird, kann man zeitlich gesehen dem Hund genau im richtigen Moment „sagen“, dass er brav gehandelt und sich eine Belohnung verdient hat: Clicken Sie, sobald er liegt. Wenn Sie ohne Clicker arbeiten, können Sie stattdessen das Lobwort einsetzen.

PLATZ mit Ablenkung

1 Verlangen Sie **PLATZ** und bitten Sie eine Hilfsperson, den Hund beispielsweise durch Geräusche abzulenken. Anfangs sollte die Entfernung zum Hund noch relativ groß sein, später sind auch nahe und somit stärkere Ablenkungen möglich.

2 Laufen Sie vor dem Hund hin und her.

3 Schlenkern Sie hierbei ruhig ein wenig mit den Armen.

Bedenken Sie, dass die Übung nur dann von Erfolg gekrönt ist, wenn die Ablenkungen so moderat sind, dass der Hund auch im **PLATZ** bleibt. Passen Sie den Grad der Ablenkungen also unbedingt dem Trainingsstand an und verstärken Sie die Ablenkungen nur allmählich.

Einen „Schüler“, der im Training noch nicht allzuweit fortgeschritten ist, sollten Sie auch während der Übung immer einmal mit einem Lobwort und gelegentlich mit einem Leckerchen belohnen.

PLATZ aus der Bewegung (Kombination mit der FUSS-Übung)

1 Lassen Sie Ihren Hund aufmerksam bei Fuß laufen.

2 Vergewissern Sie sich, dass der Hund gut konzentriert läuft.

3 Geben Sie dann aus der Bewegung heraus das Kommando **PLATZ**. Sie können anfangs dem Hund eine leichte Hilfe bieten, indem Sie etwas langsamer werden und das Sichtzeichen verwenden.

4 Gehen Sie dann noch einige Schritte weiter.

5 Loben Sie Ihren Hund, wenn er nicht aufsteht, um Ihnen zu folgen.

Tipp:
Im Trainingsstand der „Schüler" und „Lehrlinge" ist es sinnvoll, zum Hund zurückzukehren und ihn am Ort zu belohnen. Auf diese Weise lernt er schnell, dass es sich lohnt, liegen zu bleiben. Einen schon gut trainierten Hund können Sie auch abrufen.

PLATZ: Fehlerfallen

Fehler: Achten Sie darauf, den Hund nicht ungewollt durch Ihre eigene Körpersprache zu bedrohen. Der Blickkontakt und die vorgebeugte Körperstellung erscheinen dem Hund bedrohlich. Die angelegten Ohren und das Anheben der Pfote sind Beschwichtigungsgesten des Hundes!

Fehler: Der Hund ist deutlich gestresst und zeigt auch auf dieser Abbildung eine Beschwichtigungsgeste, nämlich das Sich-über-die-Nase-Lecken. Auch die langsamen, zögernden Bewegungen lassen erkennen, dass der Hund unter Stress steht. Vermeiden Sie es, sich vorzubeugen. Gehen Sie lieber in die Hocke.

Fehler: Achten Sie darauf, den Hund wirklich nur für das Liegen zu belohnen. Auf diesem Bild bekommt er das Leckerchen zu weit entfernt angeboten, sodass er aus dem PLATZ wieder aufgestanden ist, um das Leckerchen zu fressen.

PLATZ: Übungsplan

Die Ablenkungen sollten sehr langsam gesteigert werden, um guten Gehorsam zu erreichen. Wechseln Sie häufig die Übungsumgebung, nur dann lernt Ihr Hund, **PLATZ** in jeder Situation auszuführen. Verlangen Sie **PLATZ** nicht, wenn Artgenossen ihn beschnuppern. Er muss sich über Körpersprachesignale mit den anderen verständigen können. Im Liegen geht das nicht.

Übungen für „Schüler"

PLATZ: Sobald die Übung gelungen ist, wird der Hund belohnt.

PLATZ: Versuchen Sie selber, bei dieser Übung aufrecht stehen zu bleiben.

PLATZ: Warten Sie drei Sekunden und belohnen Sie Ihren Hund. Lösen Sie dann das Kommando mit einem Auflösekommando (beispielsweise **LAUF**) auf.

PLATZ: Lassen Sie in unregelmäßigen Zeitabständen dem Hund kleine Leckerchen zwischen die Vorderpfoten fallen. Versuchen Sie ihn auf diese Weise über eine halbe Minute in der **PLATZ-Position** zu halten. Lösen Sie dann das Kommando auf.

PLATZ: Warten Sie fünf Sekunden und belohnen Sie Ihren Hund. Warten Sie drei weitere Sekunden und lösen Sie dann die Übung auf.

Übungen für „Lehrlinge"

PLATZ: Wiederholen Sie das Kommando nach fünf Sekunden. Schaffen Sie eine Ablenkung, indem Sie die Arme heben und senken. Belohnen Sie Ihren Hund, wenn er liegen bleibt. Lösen Sie das Kommando auf.

PLATZ: Halten Sie sich das Leckerchen vor die Brust oder in Augenhöhe. Warten Sie zehn Sekunden und belohnen Sie Ihren Hund für das Hochgucken. Lösen Sie dann das Kommando auf.

PLATZ: Greifen Sie in Ihre Tasche während Ihr Hund liegt. Belohnen Sie ihn, wenn er liegen geblieben ist.

PLATZ: Warten Sie 30 Sekunden, lösen Sie dann die Übung auf. Belohnen Sie Ihren Hund während dieser halben Minute für jeden Blickkontakt.

PLATZ: Verleiten Sie Ihren Hund mit leichten Arm- oder Beinbewegungen. Belohnen Sie ihn rechtzeitig, bevor er aufgestanden ist. Lösen Sie dann das Kommando auf.

PLATZ: Lassen Sie eine Hilfsperson mit einem Hund vorbeigehen. Konzentrieren Sie Ihren Hund auf das Kommando und belohnen Sie ihn für ein braves Befolgen des Befehls. Lösen Sie dann die Übung auf.

Übungen für „Meister"

Üben Sie ein besonders schnelles **PLATZ** aus einer Spielsituation heraus. Belohnen Sie den Hund und lösen Sie die Übung auf.

Üben Sie **PLATZ** in Kombination mit BLEIB. Beginnen Sie mit einfachen Übungen und steigern Sie dann schrittweise den Anspruch (größere Entfernung, außer Sichtweite, mit Ablenkungen). Belohnen Sie Ihren Hund und lösen Sie die Übung auf.

Trainieren Sie **PLATZ** auf Entfernung. Nutzen Sie zunächst Situationen, in denen der Hund gar nicht herankommen kann. Gehen Sie dann zu Ihrem Hund, belohnen Sie ihn und lösen Sie anschließend die Übung auf.

Trainieren Sie **PLATZ** auf Entfernung in Situationen, in denen der Hund sich auch nähern könnte. Gehen Sie zu ihm, belohnen Sie ihn und lösen Sie dann die Übung mit dem Freizeitzeichen auf.

Trainieren Sie **PLATZ** aus der Bewegung. Bauen Sie langsam die Hilfen ab (langsamer werden, subtil gegebene Sichtzeichen etc.). Kommen Sie zunächst stets zu Ihrem Hund zurück, belohnen Sie ihn und lösen Sie dann die Übung auf.

Übung **STEH**

STEH zählt ebenfalls zu den Kommandos des Grundgehorsams. Der Hund soll dabei stehend ruhig verharren. Je nachdem, wie das Kommando trainiert wird, kann es verschiedene Bedeutungen bekommen. Zum einen soll der Hund lernen, aus jeder beliebigen anderen Haltung die **STEH-Position** einzunehmen. Zum anderen kann er auch lernen, auf **STEH** hin aus der Bewegung anzuhalten und dort am Ort stehend zu warten, bis die Übung aufgelöst wird. Auch für Hunde, die auf Ausstellungen vorgeführt werden sollen, ist **STEH** ein wichtiges Kommando, denn dort werden die Hunde unter anderem stehend präsentiert.

STEH soll für den Hund bedeuten: Bleibe ruhig an Ort und Stelle stehen, und zwar so lange, bis das Kommando aufgelöst wird.

Für den Übungsaufbau eignet sich im Fall von **STEH** Futter besonders gut, denn viele Hunde sind recht tatendurstig, wenn man ihnen Spielzeug als Belohnung in Aussicht stellt. **STEH** ist ein Kommando, das dem Hund viel Ruhe abverlangt.

Tipp:
Achten Sie im Übungsaufbau auf eine ruhige Handhaltung, damit der Hund nicht in Versuchung kommt, sich in der **STEH**-Position zu bewegen.

Dieser Hund bekommt sein Belohnungs-Leckerchen in der **STEH**-Position. Halten Sie ihm das Leckerchen so dicht vor die Nase, dass er diese Position nicht verlassen muss, um es zu bekommen.

STEH auf einen Blick

STEH aus SITZ-Position

STEH aus PLATZ-Position

STEH aus der Bewegung

STEH als STOP-Signal

Übungsaufbau STEH aus der SITZ-Position

Um dem Hund den Befehl **STEH** zu vermitteln, gibt es verschiedene Möglichkeiten. Wenn der Hund vorher sitzt, können Sie die Übung folgendermaßen aufbauen:

1 Lassen Sie den sitzenden Hund an einem Leckerchen schnüffeln.

2 Ziehen Sie nun das Leckerchen langsam ein kleines Stückchen vom Hund weg.

3 Halten Sie Ihre Hand so nah beim Hund, dass er wirklich nur aufstehen, aber nicht laufen muss, um an das Leckerchen zu gelangen.

4 Geben Sie dem Hund in die Bewegung hinein das Lautzeichen **STEH** und belohnen Sie ihn mit Ihrem „Lockleckerchen".

Übungsaufbau STEH aus der PLATZ-Position

Um den Hund aus der liegenden Position aufstehen zu lassen, können Sie ähnlich vorgehen wie in der vorhergehenden Übung.

1 Zeigen Sie Ihrem liegenden Hund ein Leckerchen.

2 Verleiten Sie ihn nun, das Leckerchen zu nehmen, indem Sie Ihre Hand vom Hund zurückziehen.

3 Halten Sie Ihre Hand so, dass der stehende Hund mit der Nase Kontakt zum Leckerchen halten kann.

4 Sagen Sie **STEH**, sobald der Hund aufsteht. Belohnen Sie ihn, wenn er ruhig steht.

STEH kann man auch mit Hilfe des Target-Sticks trainieren (siehe Seite 13).

STEH aus der Bewegung (Kombination mit der FUSS-Übung)

1 Lassen Sie Ihren Hund unter dem Kommando **FUSS** neben sich laufen.

2 Geben Sie das Kommando **STEH**...

3 ...und laufen Sie selbst weiter.

4 Diese Übung erfordert viel Konzentration.

Tipp:
Im Übungsaufbau können Sie selbst etwas langsamer werden, bevor Sie das Kommando **STEH** geben, oder Sie halten – wie hier in den Beispielen – Blickkontakt. Wenn der Hund für die Übung **STEH** ein Sichtzeichen gelernt hat, kann auch das eine Hilfe sein.

Tipp:
In den ersten Trainingswochen sollten Sie stets zum Hund zurückkehren und ihn am Ort belohnen, damit er nicht verleitet wird, hinter Ihnen her zu laufen.

STEH als STOP-Signal

Diese Übung ist dem Hund am leichtesten beizubringen, wenn man sie zunächst an der Leine trainiert.

1 Passen Sie einen Moment ab, in dem Ihr Hund vor Ihnen läuft.

2 Bleiben Sie ggf. selbst kurz stehen, um den Hund zu stoppen, und geben Sie das Kommando **STEH**.

Bildbeispiele **3** bis **5**:

3 Gehen Sie nun weiter, ...

Tipp:
Manchmal ist es nötig, die Leine hierbei kürzer zu fassen, damit der Hund nicht weiter vorwärts läuft, weil er noch Spielraum in der Leine hat.

4 ... um auf die Höhe Ihres Hundes zu gelangen.

5 Der Hund soll ruhig stehen bleiben, bis Sie neben ihm sind.

6 Belohnen Sie den stehenden Hund, wenn Sie auf seiner Höhe angekommen sind.

STEH: Fehlerfallen

Fehler: Wenn man das Leckerchen zu hoch hält, setzen sich viele Hunde hin, weil sie es so aus der **SITZ**-Übung kennen.

Fehler: Etwas Ähnliches kann passieren, wenn man das Leckerchen zu tief anbietet, denn dann verwechselt der Hund die Übung leicht mit der PLATZ-Übung.

Fehler: Wenn man das Leckerchen zu weit wegzieht, müssen die Hunde laufen, um hinterherzukommen. Dies führt zu Verzögerungen im Lernprozess. Die Hunde sollten von Anfang an lernen, sich nur zu erheben und dann ruhig still zu stehen.

Fehler: Auch bei dieser Übung sollten Sie darauf achten, dass Sie den Hund nicht ungewollt über die eigene Körpersprache bedrohen. Dies ist vor allem bei kleinen Hunden wichtig, denn im Übungsaufbau müssen Sie sich zwangsläufig bücken. Bei schüchternen Hunden sollten Sie parallel zum Hund stehen und ihn nach vorne aufstehen lassen: Wenn Sie sich frontal über ihn beugen, fühlt er sich bedroht. Alternativ können Sie diese Übung auch mit einem Target-Stick (siehe Seite 46 und 108) trainieren, um eine fehlerhafte Körpersprache zu vermeiden.

Fehler: Liebkosungen, bei denen der Hund auf dem Kopf oder Rücken angefasst wird, beinhalten ebenfalls eine starke Drohkomponente. Hunde, die darauf mit Stress reagieren, zeigen zurückgelegte Ohren, Hecheln oder ausweichenden Blick. Belohnen Sie Ihren Hund lieber durch Futter oder beispielsweise Kraulen an der Brust.

STEH: Übungsplan

STEH ist kein einfaches Kommando, obwohl es leicht erscheint. Die Versuchung, sich zu bewegen, ist für den Hund aus der **STEH-Position** ungleich größer als bei SITZ oder PLATZ. Viele tausend Wiederholungen sind nötig, um eine zuverlässige Ausführung des Kommandos in jeder Situation zu erreichen.

Übungen für „Schüler"

STEH: Belohnen Sie Ihren Hund in der **STEH-Position** zunächst mit dem „Lockleckerchen", das Sie ihm gezeigt haben, damit er die gewünschte Position einnimmt.

STEH: Trainieren Sie dann **STEH** mit Sicht- und/oder Lautzeichen ohne Leckerchen. Belohnen Sie den Hund zügig, sobald er brav aufgestanden ist.

STEH: Nutzen Sie die Momente, in denen Ihr Hund von selbst aufsteht, dazu, das Kommando zu festigen. Sagen Sie Ihr Kommando **STEH** in die Aufstehbewegung des Hundes hinein und belohnen Sie ihn.

STEH: Üben Sie mit dem Hund **STEH** als Stop-Signal an der Leine.

Übungen für „Lehrlinge"

STEH: Beginnen Sie, in die Übung **STEH** leichte Ablenkungen einzubauen, indem Sie sich selbst ein klein wenig bewegen. Halten Sie die Ablenkungen anfangs gering und belohnen Sie Ihren Hund, wenn er die Übung brav ausführt.

STEH: Steigern Sie langsam den Anspruch der Übung mit weiteren Ablenkungen, etwa indem Sie sich einmal um sich selbst drehen, klatschen, hüpfen etc.

STEH: Trainieren Sie **STEH** als Stop-Signal an der Leine und verringern Sie nach und nach die Hilfen mit der Leine. Belohnen Sie Ihren Hund für ein braves Mitarbeiten.

STEH: Üben Sie **STEH** in Kombination mit der FUSS-Übung. Achten Sie darauf, zunächst immer zum stehenden Hund zurückzukehren und ihn am Ort für das Stehen zu belohnen.

Übungen für „Meister"

Trainieren Sie **STEH-BLEIB** mit Ihrem Hund. Steigern Sie den Anspruch der Übung nur in kleinen Schritten, damit Ihr Hund nicht verleitet wird, Fehler zu machen.

Üben Sie mit Ihrem Hund **STEH** als Stop-Signal auch ohne Leine.

Lassen Sie Ihren Hund beim FUSS-Laufen **STEH** machen und gehen Sie wie gewohnt weiter. Variieren Sie nun, indem Sie den Hund manchmal am Ort abholen und manchmal in die FUSS-Position rufen. Sie haben zwei Möglichkeiten: Entweder Sie rufen ihn in die Grundstellung oder Sie rufen ihn – während Sie weiterlaufen – an Ihre Seite ins Fuß und setzen ohne anzuhalten mit ihm die Übung fort.

Trainieren Sie **STEH** auf die Entfernung als Positionswechsel aus den Positionen Sitz und Platz. Der Clicker oder alternativ ein Lobwort sollten hier zum Einsatz kommen.

Übung BLEIB

BLEIB ist streng betrachtet keine eigene Übung. Im Prinzip könnte man auf dieses Kommando verzichten, denn über die Positionsbefehle SITZ, PLATZ und STEH wird der Hund bereits angewiesen, am Ort zu bleiben, bis die Übung aufgelöst wird. Im Alltag hat es sich aber bewährt, eine zusätzliche Übung einzuführen. Der Hund verbindet das **BLEIB-Kommando** dann automatisch mit der räumlichen Trennung von seinem Besitzer.

Bei dem Befehl **BLEIB** darf der Hund – später auch längere Zeit – seine ihm angewiesene Position nicht verlassen. Deshalb gilt es besonders bei den Positionen SITZ und PLATZ ihm auch einen gewissen Grad an Entspannung zu gewähren. Man kann das bereits beim Übungsaufbau berücksichtigen, indem man ihn zunächst nie aus der **BLEIB-Position** abruft, denn in diesem Fall würde man nicht das Bleiben, sondern das Herankommen belohnen.

BLEIB soll für den Hund bedeuten: Bleibe an diesem Ort stehen, sitzen oder liegen, auch wenn ich weggehe, und zwar so lange, bis ich zurückkomme oder die Übung mit einem anderen Signal ablöse.

Als Handzeichen eignet sich die leicht vorgestreckte und etwas nach oben gewinkelte Hand oder ein beliebiges anderes Handzeichen, das der Hund auch aus einer größeren Entfernung gut erkennen kann.

BLEIB auf einen Blick

BLEIB in PLATZ-Position

BLEIB unter Ablenkung

Übungsaufbau BLEIB aus der PLATZ-Position

1 Lassen Sie den Hund PLATZ machen.

2 Entfernen Sie sich einen Schritt vom Hund. Geben Sie ihm dabei gleichzeitig das Sprachkommando und das Sichtzeichen für **BLEIB**.

Tipp:
Wenn **BLEIB** eine neue Übung für Ihren Hund ist, kehren Sie jetzt zurück und belohnen Sie ihn.

3 Wenn Ihr Hund schon etwas fortgeschrittener ist, können Sie ein paar Schritte weiter weggehen.

4 Warten Sie einen ganz kurzen Moment...

5 ...und kehren Sie dann zu Ihrem Hund zurück.

6 Belohnen Sie ihn am Ort in der PLATZ-Position.

Analog zu der **PLATZ-BLEIB**-Übung sollten Sie auch **SITZ-BLEIB** und **STEH-BLEIB** trainieren. Letzteres ist die schwierigste Variante. Der Übungsaufbau ist identisch. **STEH-BLEIB** ist eine Übung für „Meister". Die Versuchung, sich zu bewegen, ist hierbei für den Hund am größten.

BLEIB unter Ablenkung

Mit einem schon etwas fortgeschrittenen Hund, also im Trainingsstand der „Lehrlinge“, können Sie **BLEIB** mit Ablenkung trainieren. Dabei sind der Phantasie keine Grenzen gesetzt, was die Art der Ablenkung betrifft. Insbesondere sollte trainiert werden, dass er die Position hält, auch wenn Sie ihn nicht im Blick haben.

Im Bildbeispiel rechts (1 bis 3) soll der Hund sitzen bleiben, während die Hundebesitzerin von ihm wegrennt.

1 Geben Sie dem Hund das Kommando SITZ und **BLEIB**.

Auch über die Umgebung kann der Grad an Ablenkung gesteigert werden.

Dieser Hund bekommt das Kommando **PLATZ-BLEIB**, während sich in geringer Entfernung eine Gruppe mit Leuten und anderen Hunden aufhält.

2 Drehen Sie sich jetzt um...

3 ...und rennen Sie vom Hund weg.
Kehren Sie dann zu Ihrem Hund zurück und belohnen Sie ihn am Ort in der SITZ-Position.

Tipp:
Wenn Sie beginnen, diese Übung zu trainieren, sollten Sie zunächst nur langsam rennen. Schnelle Bewegungen verleiten zu sehr zum Nachlaufen.

BLEIB: Fehlerfallen

Fehler: Ein häufig zu beobachtender Fehler ist, sich in einer gebückten Haltung vom Hund zu entfernen. Diese Körperhaltung verleitet einige Hunde dazu, das **BLEIB**-Kommando eigenständig aufzulösen und dem Halter hinterherzulaufen. Für den Hund kann diese gebückte Haltung aussehen, als ob sich der Besitzer in die Hocke begibt, wie er es vielleicht von der Rückrufübung her kennt.

Fehler: Entfernen Sie sich nicht gebückt, sondern aufrecht – aber nicht unnatürlich steif – vom Hund. Alleine zurückbleiben zu müssen ist für einen Hund enorm schwierig. Er will von seiner Veranlagung her immer dabei sein. Nehmen Sie darauf Rücksicht und belohnen Sie braven Gehorsam mit einer tollen Belohnung, damit dem Hund das Warten Spaß macht!

Fehler: **BLEIB** ist zwar eine Übung, die körperlich nicht anstrengend ist, aber sie verlangt ein gehöriges Maß an Konzentration vom Hund. Achten Sie darauf, den Übungsanspruch anfangs nicht zu hoch anzusetzen, sonst sind Misserfolge vorprogrammiert.

Tipp:
Um den Hund schnell auf ein hohes Trainingsniveau zu bringen empfiehlt es sich, die Trainingsschritte stets klein zu halten und deutlich unter der Grenze der Möglichkeiten des Hundes zu arbeiten. Dann wird er kaum einen Fehler machen. Erst durch die Vielzahl an Wiederholungen erreicht der Hund Sicherheit in der Übung. Mit dieser Sicherheit fällt es ihm leicht, auch einem höheren Anspruch in der Übung gerecht zu werden.

BLEIB: Übungsplan

Übungen für „Schüler“

BLEIB: Üben Sie **BLEIB** in verschiedenen Positionen (PLATZ, SITZ und STEH). Entfernen Sie sich jeweils nur einen Schritt, kehren Sie sofort zum Hund zurück, belohnen Sie ihn und lösen Sie dann die Übung auf.

BLEIB: Entfernen Sie sich wiederum einen Schritt, warten Sie einen kurzen Augenblick, kehren Sie dann zum Hund zurück, belohnen Sie ihn und lösen Sie anschließend die Übung auf.

BLEIB: Variieren Sie nach und nach die Entfernung zum Hund. Achten Sie darauf, die Übung nicht zu schwer zu gestalten.

BLEIB: Verlängern Sie in unregelmäßigen Abständen die Zeitdauer der Übung von nur ein paar Sekunden bis hin zu einer halben Minute.

Übungen für „Lehrlinge“

BLEIB: Bieten Sie Ihrem Hund leichte Ablenkungen, während er stehend, sitzend oder liegend **BLEIB** machen soll. Belohnen Sie ihn jedes Mal, wenn er brav der Versuchung standhält. Lösen Sie dann die Übung auf. Mögliche Ablenkungen sind: hüpfen, klatschen, mit den Armen fuchteln, die Beine ausschütteln, sich drehen, mit einer anderen Person reden, irgendetwas aus einer Tasche holen etc.

BLEIB: Auch durch die jeweilige Umgebung kann der Hund abgelenkt werden. Verlangen Sie nun **BLEIB** auch, wenn andere Hunde in einer gewissen Entfernung sind. Achtung: Lösen Sie den Befehl rechtzeitig auf, wenn die fremden Hunde sich nähern. Ihr Hund sollte dann nicht in einer untergeordneten Position bleiben müssen, denn er muss mit seiner Körpersprache auf die Signale reagieren können, die ein anderer Hund ihm gibt.

BLEIB: Trainieren Sie **BLEIB** auch in belebter oder lauter Umgebung.

BLEIB: Gehen Sie kurzzeitig außer Sichtweite des Hundes. Für den Start eignet sich draußen ein dünner Baum oder eine Laterne, die Sie umrunden können. In der Wohnung reicht es, einmal ganz kurz das Zimmer zu verlassen.

Übungen für „Meister“

BLEIB: Trainieren Sie die **BLEIB**-Übung unter Ablenkung mit steigenden Zeitintervallen, die Ihr Hund bleiben soll.

BLEIB: Üben Sie, weiter außer Sichtweite des Hundes zu gehen und verschwinden Sie nun ganz aus dem Blickfeld des Hundes. Wählen Sie aber zunächst Situationen aus, in denen Sie sofort wieder zurückkehren können.

BLEIB: Üben Sie dann schrittweise, immer länger außer Sichtweite des Hundes zu sein.

BLEIB: Verbinden Sie diese Übung dann mit zunächst einfachen, später schwierigeren Ablenkungssituationen. Steigern Sie den Schwierigkeitsgrad nur in kleinen Schritten.

Übung AUS

Beim Kommando **AUS** soll der Hund umgehend alles fallen lassen, was er gerade in der Schnauze hält. Dies kann man auf verschiedene Art und Weise üben. Am schnellsten begreift der Hund eine Übung, die ihm Spaß macht.
Deshalb wird diese Übung zunächst als Tauschgeschäft aufgebaut; das bedeutet für den Hund, dass ihm nichts genommen, sondern sogar etwas gegeben wird, wenn er brav ist.

AUS soll für den Hund bedeuten: Was du in der Schnauze hast, musst du sofort fallen lassen.

Übungsaufbau AUS

1 Lassen Sie Ihren Hund an einem Spielzeug zerren.

2 Halten Sie ihm dann ein sehr schmackhaftes Leckerchen direkt vor die Nase und geben Sie dem Gegenzug am Spielzeug etwas nach.

3 Sagen Sie deutlich **AUS**, sobald der Hund das Spielzeug loslässt, weil er das Leckerchen nehmen will. Belohnen Sie den Hund dann mit dem Leckerchen.

Übungsaufbau AUS für Lehrlinge und Meister

Beim Üben mit einem fortgeschrittenen Hund brauchen Sie kein Tauschleckerchen mehr.

1 Spielen Sie auch hier ein lustiges Ziehspiel mit Ihrem Hund.

2 Geben Sie dem Hund das Kommando **AUS**. In der Erwartung des Tauschleckerchens wird er das Spielzeug fallen lassen. Auch hier sollte der Gegenzug am Spielzeug in dem Moment, in dem Sie das Kommando sagen, gelockert werden.

3 Belohnen Sie den Hund für seinen Gehorsam.

AUS: Übungsplan

Übungen für „Schüler“

AUS: Üben Sie mit Ihrem Hund das Kommando **AUS** als Tauschgeschäft. Üben Sie AUS in einer Spielsituation, wie es im Übungsaufbau beschrieben ist.

AUS: Üben Sie **AUS** auch in Momenten, in denen der Hund sich alleine mit Spielzeug beschäftigt. Tauschen Sie auch hier wieder gegen ein besonders leckeres Futterstückchen.

AUS: Üben Sie die **AUS-Übung** am Fressplatz. Tauschen Sie die noch gut gefüllte Futterschüssel gegen ein ganz besonderes Leckerchen, beispielsweise ein Stück getrockneten Pansen oder ein Schweineohr.

Übungen für „Lehrlinge“

AUS: Trainieren Sie **AUS** in einer Spielsituation nach wie vor als Tauschgeschäft, aber zeigen Sie dem Hund nun die Belohnung nicht mehr vorher.

AUS: Lassen Sie sich in beliebigen Momenten Spielzeug vom Hund **AUS**-geben und geben Sie ihm das Spielzeug nach ein paar Sekunden wieder zurück.

AUS: Tauschen Sie einen Kauknochen gegen ein superleckeres Käse- oder Wurststückchen.

AUS: Lassen Sie sich ein Schweinsohr vom Hund AUS-geben und belohnen Sie ihn mit seiner Lieblingsbelohnung. Geben Sie ihm danach das Schweinsohr zurück.

Übungen für „Meister“

Verlangen Sie im Alltag immer wieder **AUS** vom Hund. Lassen Sie sich nach und nach auch Dinge vom Hund geben, die er gerne behalten möchte. Belohnen Sie ihn stets mit tollen Belohnungen oder geben Sie ihm das Objekt nach wenigen Sekunden wieder.

Üben Sie **AUS** in der Spielsituation auch in einer gewissen Entfernung. Wenn der Hund mit dem Objekt auf Sie zu rennt und es bei Ihnen **AUS**-gibt, ist dies kein großer Fehler. Belohnen Sie ihn zunächst trotzdem. Üben Sie, falls Ihr Hund diesen Fehler gemacht hat, dann **AUS** auf Entfernung, indem Sie ihm die Belohnung zunächst entgegenwerfen. Wiederholen Sie das Kommando in dem Moment, in dem der Hund das Objekt fallen lässt.

Belohnen Sie Ihren Hund bei Objekten, die er erfahrungsgemäß gut abgibt, auch mit nicht mehr so begehrten Leckerchen oder aber – auf eine bestimmte Situation bezogen, beispielsweise im Spiel – indem Sie nach dem **AUS**-Geben mit ihm weiterspielen.

Übung Rückruf

Dem Hund beizubringen, dass er aus jeder Lebenslage schnell und zuverlässig zu Ihnen läuft, wenn Sie es verlangen, ist ein hohes Trainingsziel. Ein gut trainiertes Rückrufsignal ist bei unserem heutigen Lebensstil aber auch eine Notwendigkeit und nicht zuletzt für den Hund eine Lebensversicherung. Das Rückrufsignal ist somit das wichtigste Kommando, das ein Hund lernen sollte. Im Training und ganz besonders beim Aufbau des Rückrufsignals ist unser Gegenspieler nicht der Hund – es sind die Ablenkungen. Als Regel gilt: Sie müssen für den Hund interessanter sein als jede Ablenkung!

Der Rückruf soll für den Hund bedeuten: Komm sofort zu mir zurück, wenn ich dich rufe, egal was du gerade machst.

Tipp:
Um einen guten Gehorsam zu erreichen ist es von entscheidender Wichtigkeit, dass sich keine Fehler in den Übungsaufbau einschleichen. Rufen Sie Ihren Hund zu Beginn des Trainings NUR, wenn er Sie gerade anguckt – und motivieren Sie ihn ausreichend hoch, auch wirklich zu Ihnen zu kommen. Als Motivation eignen sich Futter, Spielzeug, aber auch Ihre Bewegungen. Rufen Sie den Hund, wenn er gerade nach Ihnen sieht und entfernen Sie sich dann von ihm – am besten im Laufschritt! Oder gehen Sie nach dem Rufen in die Hocke, das macht Sie ebenfalls interessanter.

Als Signal kann man beim Rückruf verschiedene Dinge nutzen. Zum einen können Sie natürlich mit einem **Stimmkommando** trainieren. Es lohnt sich aber, als **Zusatzkommando** auch ein **Sichtzeichen** aufzubauen. Wer seinen Hund beispielsweise auf eine **Pfeife** trainieren möchte, kann in diesen Übungen alternativ oder zusätzlich die Pfeife einsetzen (siehe Seite 19).

Rückruf auf einen Blick

Aufbau des Rückrufsignals

Rückruf in die Grundstellung

Rückruf aus einer Ablenkungssituation

Übungsaufbau Rückruf

Selbstverständlich kann man diese Übung schon in Welpentagen beginnen. Trainieren Sie parallel zu dieser Übung die Anschauen-Übung (siehe Seite 19 und Seite 95): Es ist leichter, einen Hund abzurufen, der gerade nach Ihnen schaut, als einen, der sich nicht um Sie schert.

1 Lassen Sie Ihren Hund von einer Hilfsperson festhalten. Bieten Sie ihm ein Leckerchen an, an dem er schnüffeln, das er aber nicht fressen darf. Entfernen Sie sich dann mit Ihrer Belohnung schnellen Schrittes vom Hund.

2 Drehen Sie sich dann um und rufen Sie Ihren Hund heran. Wenn keine weitere Ablenkung da ist, wird der Hund regelrecht herangeflogen kommen, weil er noch in Erinnerung hat, dass Sie die Belohnung mitgenommen haben.

3 Belohnen Sie den Hund, sobald er bei Ihnen ist, mit der zu Beginn der Übung in Aussicht gestellten Belohnung. Vergrößern Sie nach und nach die Distanz zum Hund.

Tipp:
Achten Sie darauf, sich stets schnell vom Hund zu entfernen, denn dann arbeiten Sie in einem engeren zeitlichen Rahmen. Das erleichtert die Übung. Die schnelle Gangart steigert außerdem beim Hund die Begeisterung, Ihnen zu folgen.

Übungsaufbau Rückruf in die Grundstellung

Bei einem Trainingsanfänger ist es wichtig, das Herankommen sofort zu belohnen. Bei einem etwas fortgeschritteneren Hund kann man durchaus verlangen, dass er vorsitzt (die Belohnung verbindet er dann mit dem Vorsitzen und nicht mehr mit dem Herankommen) oder, wie in diesem Beispiel, direkt in die seitliche Grundstellung läuft.

1 Lassen Sie Ihren Hund zunächst eine Bleib-Übung machen und entfernen Sie sich von ihm.

2 Geben Sie Ihrem Hund dann das Kommando für das Herankommen in die Grundstellung.

3 Das Einfinden in der Grundstellung sollte der Hund schon kennen. Übungsaufbau siehe Seite 82.

4 Sobald der Hund in der Grundstellung sitzt, bekommt er seine Belohnung.

Tipp:
Ein besonderer Pluspunkt ist es, wenn der Hund in der Grundstellung auf den Besitzer konzentriert ist. Das signalisiert er durch den Blickkontakt. Er wartet dann auf weitere Kommandos oder sein Auflösekommando.

Übungsaufbau Rückruf in einer Ablenkungssituation

Ein sicheres Beherrschen des Rückrufsignals ohne Ablenkungen ist die Voraussetzung für diese Übung.

1 Üben Sie zunächst mit einer Hilfsperson, die dem Hund nicht unbedingt bekannt sein muss. Halten Sie sich gemeinsam mit Ihrem Hund in der Nähe der Hilfsperson auf.

2 Diese soll dann durch Rennen oder Rufen den Hund verleiten, zu ihr zu laufen.

3 Wenn Ihr Hund der Person hinterherrennt, geben Sie Ihr Rückruf-Kommando. Die Hilfsperson soll dann in den ersten Übungen stehen bleiben, um die Ablenkung abflauen zu lassen.

Tipp:
Diese Übung kann auch mit Schleppleine trainiert werden, um zu verhindern, dass der Hund doch bis zu der Hilfsperson rennt, bevor er zu Ihnen kommt.

4 Passen Sie die erste Regung Ihres Hundes ab, sich nach Ihnen umzuschauen und laufen Sie selbst ruhig ein paar Schritte rückwärts: das motiviert ihn, zu Ihnen zu kommen.

5 Zeigen Sie Ihre Freude, wenn sich Ihr Hund entschließt, zu Ihnen zu kommen, statt die Ablenkungsperson zu verfolgen. Stellen Sie ihm eine tolle Belohnung in Aussicht!

6 Belohnen Sie Ihren Hund ausgelassen, wenn er bei Ihnen ist. Spielzeug eignet sich für spielbegeisterte Hunde in dieser Übung besonders. So können Sie die Aktivität des Hundes unterstützen und ausgelassen mit ihm toben. Damit zeigen Sie ihm, dass es bei Ihnen immer schön ist – egal, wie interessant die Ablenkung erschien.

Rückruf: Fehlerfallen

Fehler: In solch einer Spielsituation sollte man einen jungen Hund nicht abrufen. Beide Hunde sind zu abgelenkt. Passen Sie eine Spielpause ab und rufen Sie dann.

Fehler: Ein häufiger und folgenschwerer Fehler ist es, wenn Sie den Hund zu früh aus starken Ablenkungssituationen rufen: Damit ist die Gefahr groß, dass er das Rückrufkommando ignoriert. Wenn Sie es einmal sehr eilig haben und Ihr Hund beispielsweise gerade mit Artgenossen spielt, ist es anfangs besser, wenn Sie hingehen und ihn an die Leine nehmen. Damit er dieses Prozedere aber nicht als etwas Unangenehmes erfährt, sollten Sie ihn, sobald er angeleint ist, mit Futter, Spielzeug oder durch gemeinsames Rennen motivieren, freudig mit Ihnen mitzukommen. So beweisen Sie dem Hund, dass er mit Ihnen zusammen mindestens so viel Spaß hat wie beim Toben mit Artgenossen. Auf diese Art und Weise wird er gleichzeitig gut darauf vorbereitet, sich später auch in Ablenkungssituationen zuverlässig abrufen zu lassen, denn er erwartet bei Ihnen Spiel und Spaß.

Fehler: Achten Sie darauf, Ihren Hund nicht nur am Schluss des Spazierganges oder in kritischen Situationen zu rufen. Der Hund lernt sonst schnell, dass das Rückrufsignal gleichbedeutend ist mit dem Ende des Spaßes.

Rückruf: Übungsplan

Übungen für „Schüler“

Rückruf: Rufen Sie den Hund grundsätzlich immer nur dann, wenn er gerade guckt, wo Sie sind. Belohnen Sie ihn für das Herankommen stets mit einer besonderen Qualitätsbelohnung (Spiel oder Futter).

Rückruf: Nutzen Sie nach Möglichkeit jede Gelegenheit auf dem Spaziergang, den Hund zu rufen, und schicken Sie ihn dann jeweils wieder ins Spiel zurück.

Rückruf: Üben Sie die Rückrufübung (s. Übungsaufbau) mit einer Hilfsperson. Wenn mehrere Familienmitglieder mit dem Hund leben, ist es sinnvoll, dass alle dies üben.

Rückruf: Rufen Sie den Hund immer dann, wenn er sowieso schon auf dem Weg zu Ihnen ist. Er hört dann das Kommano in dem Moment, wenn er alles richtig macht. Das gibt eine gute Verknüpfung mit dem Signal. Belohnen Sie ihn, wenn er bei Ihnen ist.

Übungen für „Lehrlinge“

Rückruf: Trainieren Sie die Rückrufübung mit steigender Entfernung und belohnen Sie Ihren Hund für ein schnelles Herankommen.

Rückruf: Verschwinden Sie auf dem Spaziergang immer einmal außer Sichtweite des Hundes und belohnen Sie ihn, wenn er Sie sucht und findet.

Rückruf: Üben Sie nun auch, den Hund aus leichten Ablenkungssituationen heranzurufen. Passen Sie zum Beispiel im Spiel mit Artgenossen eine Situation ab, in der er guckt, und rennen Sie weg. Belohnen Sie ihn fürs brave Herankommen und schicken Sie ihn wieder ins Spiel zurück.

Rückruf: Trainieren Sie in Ablenkungssituationen die Rückrufübung (zur Sicherung ggf. an der Schleppleine) und belohnen Sie Ihren Hund überschwänglich für braven Gehorsam.

Übungen für „Meister“

Rückruf: Trainieren Sie die Rückrufübung in stärkeren Ablenkungssituationen (beispielsweise indem Ihre Hilfsperson weiterrennt) und belohnen Sie Ihren Hund mit seiner Lieblingsbelohnung.

Rückruf: Verschwinden Sie bei der Rückrufübung mit Ablenkungen außer Sichtweite und rufen Sie den Hund dann heran. Belohnen Sie ihn für seine Mühe.

Rückruf: Lassen Sie Ihren Hund, bevor er die Belohnung bekommt, vorsitzen oder in die Grundstellung laufen. Schicken Sie ihn dann zurück in die Freizeit.

Rückruf: Steigern Sie generell den Anspruch der Übung, aber vergessen Sie nicht, dem Hund auch entsprechende Freude entgegenzubringen, wenn er sich brav auf Ihr Kommando konzentriert.

Übung Leinenführigkeit

Die Leinenführigkeit ist eine Übung ohne Kommando, denn der Hund soll an der Leine immer anständig gehen ohne zu ziehen. Im Prinzip ist die Leine selbst das Signal für diese Übung.

An der Leine laufen zu müssen ist für Hunde zunächst nicht sehr attraktiv. Sie haben generell einen schnelleren Gang als wir Menschen und würden gerne mal eben hierhin und dorthin laufen, um zu schnüffeln. Um eine gute Leinenführigkeit zu erreichen muss dem Hund vermittelt werden, dass es Spaß macht, an der Seite des Besitzers in langsamer Gangart zu laufen. Für den Besitzer eines großen Hundes wird es außerdem schnell zur Kraftfrage, wenn der Hund an der Leine zieht.

Prinzipiell sollten aber alle Hunde – ob groß oder klein – lernen, gesittet an der Leine zu laufen. Es gibt oft Situationen, in denen man den Hund nicht frei laufen lassen kann. Einem entspannten Spaziergang, auch angeleint, steht bei guter Leinenführigkeit dann nichts mehr im Wege.

Tipp:
Im Hundesport wird der Hund üblicherweise links geführt. Selbstverständlich können Sie Ihren Hund auch rechts führen oder ihm das Laufen an beiden Seiten beibringen.

Hier klappt die Leinenführigkeit schon gut. Das Laufen dicht bei der Besitzerin macht diesem Hund offensichtlich großen Spaß.

Leinenführigkeit auf einen Blick

Anleinen

Leinenführigkeit

Übung an der Ausziehleine

Alltagsübung

Hundehalfter

Übungsaufbau Anleinen

Auch etwas Simples wie das Anleinen birgt so einige Tücken. Den Hund von oben kommend am Halsband zu fassen ist eine Geste, die der Hund als Drohgebärde fehldeuten kann, denn in der Hundesprache sind solche Annäherungen in aller Regel nicht freundlich gemeint.

Aber nicht nur auf die Bewegung, sondern auch auf den Kontext sollte geachtet werden. Wenn das Anleinen für den Hund immer das Ende des Spaziergangs und somit das Ende des Spaßes bedeutet, kann es sein, dass er versucht, diesen Moment hinauszuzögern.

Trainieren Sie das Anleinen deshalb als eigene Übung in den verschiedensten Situationen – auch zu Hause. Der Hund soll in diesen Übungen für ruhiges Verhalten belohnt werden.

Tipp:
Bei schüchternen Hunden empfiehlt es sich, beim Anleinen in die Hocke zu gehen. Wenn Sie dabei direkten Blickkontakt zum Hund vermeiden, wirken Sie besonders sanftmütig.

Greifen Sie beim Anleinen von unten ans Halsband.

Tipp:
Leinen Sie Ihren Hund zur Übung immer wieder ohne besonderen Grund an. Sie können diese Momente auch nutzen, um die Leinenführigkeit zu trainieren (s. Seite 74 ff.).

Befestigen Sie auch die Leine von unten her am Halsband.

Anleinen: Fehlerfallen

Fehler: Vermeiden Sie es, beim Befestigen der Leine über den Hund gebeugt zu stehen: Das wirkt auf ihn bedrohlich. In diesem Bild kann man gut erkennen, dass sich der Hund unbehaglich fühlt. Das Lecken über die Schnauze ist kein Zufall, sondern eine Beschwichtigungsgeste des Hundes.

Fehler: Auch hier ist dem Hund gerade nicht wohl, weil er sich durch die über ihn gebeugte Person bedroht fühlt. Er zeigt ebenfalls Beschwichtigungsverhalten, indem er eine Vorderpfote leicht anhebt.

Fehler: Den Hund zum Anleinen am Halsband zu sich heranzuziehen ist zwar eine „schnelle Lösung“, der Hund fühlt sich aber deutlich unbehaglich. Rufen Sie sich den Hund stattdessen in der Hocke heran und leinen Sie ihn dann an.

Übungsaufbau Leinenführigkeit

Diese Übung ist neben dem Training der allgemeinen Leinenführigkeit gleichzeitig auch eine gute Vorbereitung für die FUSS-Übung.

1 Lassen Sie Ihren Hund an einem Leckerchen schnüffeln und halten Sie sich das Leckerchen auf der Höhe der Hundenase an Ihr Bein.

2 Führen Sie Ihren Hund dicht neben sich. Belohnen Sie den Hund alle paar Schritte – nach Möglichkeit im Laufen.

3 Der Hund lernt auf diese Weise wie schön es ist, eng beim Besitzer zu laufen.

Übungsaufbau mit einer Ausziehleine

Mit einer Ausziehleine können Sie ebenfalls sehr gut die Leinenführigkeit trainieren.

1 Laufen Sie mit Ihrem Hund gemeinsam los. Gehen Sie selbst rückwärts vom Hund weg, sobald Sie bemerken, dass er zu weit vorlaufen möchte oder insgesamt zu schnell läuft.

2 Wenn Sie rückwärts gehen und der Hund zunächst weiter vorwärts läuft, ist die Leine schnell zu Ende. Gehen Sie noch weiter rückwärts und halten Sie die Leine gut fest, ohne an ihr zu reißen.

3 Sobald sich Ihr Hund nach Ihnen umschaut, können Sie ihn schon freundlich ansprechen. Gehen Sie aber ruhig noch weiter rückwärts, um den Hund noch höher zu motivieren heranzukommen.

4 Loben Sie Ihren Hund, wenn er zu Ihnen gelaufen kommt. Gehen Sie dann gemeinsam wieder los. Wiederholen Sie die Übung so oft es geht, bis Ihr Hund von sich aus in einem angenehmen Radius um Sie herum bleibt.

Übungsaufbau für den Alltag

1 Bleiben Sie stehen, wenn Ihr Hund an der Leine zu weit vorläuft und die Leine gespannt ist.

2 Warten Sie ohne ein Kommando ab, was der Hund tut.

3 Loben Sie ihn, wenn er Blickkontakt zu Ihnen aufnimmt...

4 ...und zu Ihnen herankommt.

Gehen Sie dann wieder weiter und verfahren Sie in gleicher Weise immer dann, wenn er an der Leine zieht. Der Hund lernt auf diese Weise schnell, dass er nur vorwärts kommt, wenn er nicht an der Leine zieht.

Diese Übung ist sehr wirkungsvoll, wenn man sie konsequent umsetzt. Man kann sie gut mit der nächsten Übung kombinieren.

5 Halten Sie Ihrem Hund wie beim Übungsaufbau ein Leckerchen dicht vor die Nase und bei sich selbst dicht an den Körper, damit er dicht neben Ihnen läuft.

6 Halten Sie bei einem etwas fortgeschrittenen Hund die Belohnung beim Laufen nicht mehr direkt an die Hundenase. Loben Sie Ihren Hund mit Worten und in unregelmäßigen Abständen auch mit dem in Aussicht gestellten Leckerchen für ein ordentliches Laufen an Ihrer Seite.

7 Ein besonderes Lob hat sich der Hund verdient, wenn er nicht an der Leine reißt, sondern ohne Kommando ruhig steht oder wie hier sitzt, wenn Sie anhalten.

Übungsaufbau Hundehalfter

Hunde, die einem körperlich überlegen sind, können sicherer mit einem Hundehalfter geführt werden. Das bereitwillige Anziehen und geduldige Tragen des Hundehalfters muss aber vorher in einer gesonderten Übung trainiert werden. Einige Hunde sträuben sich gegen das Tragen eines Hundehalfters, da es für sie ungewohnt ist. Um dem Hund von Anfang an zu vermitteln, dass das Tragen des Halfters etwas sehr Schönes ist, sollten Sie es ihm nicht einfach aufziehen und losmarschieren, sondern gezielt mit ihm üben.

Tipp:
Wenn Sie das Leckerchen beim Anziehen des Halfters ein klein wenig hoch halten, damit der Hund die Nase in die Luft strecken muss, kann das Halfter nicht von der Schnauze abrutschen. Der Hund „trägt" es somit schon einen kleinen Moment, auch wenn es noch nicht hinter den Ohren geschlossen wurde.

1 Halten Sie die Schlaufe des Halfters offen und locken Sie Ihren Hund mit einem Leckerchen, damit er selbständig die Schnauze hindurchsteckt.

2 Wenn Ihr Hund dies schon einige Male gut gemacht hat, lassen Sie das Halfter auf der Schnauze liegen und lenken Sie ihn weiter mit einem Leckerchen ab.

3 Sobald Ihr Hund diese einfache Übung zum Anziehen des Halfters gerne mitmacht, ist es Zeit, das Halfter hinter den Ohren zu schließen.
Wenn das Halfter hinter den Ohren geschlossen wurde, bekommt der Hund wieder ein Leckerchen. Nehmen Sie ihm das Halfter anfangs schon nach ein paar Sekunden wieder ab.

Um den Hund nun immer besser an das Halfter zu gewöhnen, lassen Sie ihn damit ein wenig laufen. Stecken Sie ihm hierbei viele Leckerchen zu und lenken Sie ihn gut ab. Auch während des Fressens oder bei einem Spiel mit Ihnen kann der Hund zur Gewöhnung das Halfter tragen.

Am besten benutzen Sie beim Führen des Hundes am Halfter eine Leine mit je einem Karabiner an jedem Ende. Den einen Karabiner befestigen Sie am Halfter, den anderen ganz normal am Halsband oder Geschirr. So haben Sie beim Führen die Möglichkeit, den Hund normal oder am Halfter zu führen, und Sie vermeiden gleichzeitig unnötigen Zug am Halfter.

Um den Hund später am Halfter nicht nur gut halten, sondern auch sehr subtil lenken zu können, empfiehlt sich folgende Übung:

Lenken-Üben mit Hundehalfter

Für diese Übung braucht man eine Hilfsperson. Diese soll dem Hund eine tolle Verleitung (z.B. Futter) anbieten, während er von dem Besitzer – am Hundehalfter geführt – an der Leine gehalten wird. Der Besitzer soll hierbei hinter dem Hund stehen und die Leine so halten, dass der Hund das Futter nicht erreichen kann. Durch sanften, aber gleichmäßigen Zug an der Leine muss der Hund den Kopf rechts oder links herum (je nachdem, an welcher Körperseite die Leine entlang läuft) wenden.

Sobald er bei dieser Wendung nach hinten zum Besitzer schaut, wird er von ihm sofort gelobt und mit einem sehr schmackhaften Leckerchen oder seinem Lieblingsspielzeug belohnt.

Leinenführigkeit: Fehlerfallen

Fehler: Wenn Sie das Leckerchen zu weit vor Ihr Bein halten, will der Hund dort vorne laufen. Fast automatisch versuchen Sie dann, ihn an der Leine zurückzuziehen.

Richtig: Achten Sie darauf, dass Sie das Leckerchen wirklich dicht neben sich halten, dann läuft der Hund begeistert in der richtigen Position. Lassen Sie die Leine in dieser Übung immer ganz locker durchhängen.

Hundehalfter: Fehlerfallen

Fehler: Stülpen Sie dem Hund das Halfter anfangs nicht einfach über die Schnauze, denn das könnte er als eine bedrohliche Geste empfinden. Warten Sie stattdessen geduldig, bis er freiwillig dem Leckerchen folgt und seine Schnauze von sich aus durch die Schlaufe führt.

Fehler: Einige Hunde haben die unschöne Angewohnheit, sich mit dem Halfter am Bein des Besitzers zu reiben. Vermeiden Sie dies von Anfang an! Ziehen Sie den Kopf Ihres Hundes mit dem Teil der Leine, die mit dem Halfter verbunden ist, ohne zu rucken vom Bein weg und lenken Sie ihn dann mit einem Leckerchen ab. Belohnen Sie Ihren Hund anfangs oft, aber immer nur dann, wenn er ohne zu Reiben ein paar Schritte gelaufen ist.

> **Tipp:**
> Wenn Sie den Kopf des Hundes von Ihrem Bein wegziehen wollen, muss das Ende der Leine, das zum Halfter führt, an der „Außenseite“ des Hundes, also abseits von Ihnen, sein.

Leinenführigkeit: Übungsplan

Übungen für „Schüler"

Leinenführigkeit: Trainieren Sie die Leinenführigkeit, indem Sie konsequent jedes Mal stehen bleiben, wenn der Hund zu weit vorläuft. Belohnen Sie die Kontaktaufnahme zu Ihnen.

Leinenführigkeit: Achten Sie darauf, dem Hund die nötige Freiheit an der Leine zu lassen, wenn Sie ihm ein Schnüffeln erlauben möchten, sodass er Sie nicht zu interessanten Stellen hinzieht, sondern ohne Zug an der Leine dort ankommen kann.

Leinenführigkeit: Üben Sie ein konzentriertes Führen des Hundes. Er darf in dieser Übung die Belohnung dicht an der Nase haben. Belohnen Sie ihn alle zwei bis drei Schritte.

Übungen für „Lehrlinge"

Leinenführigkeit: Belohnen Sie Ihren Hund, wenn er an der Leine spontan dicht bei Ihnen läuft.

Leinenführigkeit: Üben Sie mit ihm die Leinenführigkeit mit der Ausziehleine. Und belohnen Sie die Kontaktaufnahme zu Ihnen.

Leinenführigkeit: Üben Sie weiterhin das Führen des Hundes. Halten Sie nun die Belohnung nicht mehr direkt an die Nase des Hundes. Belohnen Sie ihn jetzt alle zwei bis drei Schritte, wenn er keinen Kontakt zur Belohnung mehr hatte und neben Ihnen gelaufen ist, ohne an der Leine zu ziehen.

Leinenführigkeit: Gehen Sie mit Ihrem Hund nun auch in Ablenkungssituationen. Üben Sie dort jedoch das Führen an der Leine zunächst mit Hilfen, als ob er noch ein Schüler wäre.

Leinenführigkeit: Bleiben Sie in Ablenkungssituationen, wenn der Hund doch einmal zu weit vorne läuft und an der Leine zieht, stehen und belohnen Sie ihn, wenn er Blickkontakt mit Ihnen aufnimmt oder sich eigenständig an Ihrer Seite einfindet.
Gehen Sie dann weiter, ruhig auch indem Sie ihm Konzentrationshilfen in Form von Futter oder Spielzeug anbieten.

Übungen für „Meister"

Leinenführigkeit: Üben Sie mit Ihrem Hund die Leinenführigkeit in verschiedenen Geschwindigkeiten. Belohnen Sie ihn, wenn er immer dicht bei Ihnen bleibt.

Leinenführigkeit: Trainieren Sie weiter das konzentrierte Führen des Hundes an der Leine. Belohnen Sie ihn jetzt in unregelmäßigen Abständen für ein etwas längeres gesittetes Laufen.

Leinenführigkeit: Belohnen Sie Ihren Hund, wenn er sich ohne Kommando ruhig verhält, sobald Sie anhalten.

Leinenführigkeit: Üben Sie die Leinenführigkeit in Ablenkungssituationen. Belohnen Sie den Hund, wenn er in einem angenehmen Radius bei Ihnen läuft, ohne an der Leine zu ziehen.

Leinenführigkeit: Üben Sie die Leinenführigkeit auch in Alltagssituationen, z.B. beim Betreten eines Geschäftes, eines öffentlichen Verkehrsmittels oder am Auto. Belohnen Sie den Hund, wenn er sein Temperament zügelt und sich bemüht, dicht bei Ihnen zu bleiben statt vorzustürmen.

Übung Grundstellung

Links parallel und eng neben dem Hundeführer zu sitzen wird im Hundesport als Grundstellung bezeichnet. Diese Position ist auch im Alltag praktisch, weil man den Hund dann nah bei sich hat und er gut unter Kontrolle ist. Die Grundstellung kann als Ausgangsposition für das FUSS-Kommando benutzt werden.

Tipp:
Geben Sie dieser Übung erst dann einen Namen, wenn der Hund den Handlungsablauf schon aus dem Effeff heraus beherrscht, denn dann verknüpft er das Kommando mit der optimalen Handlung und nicht mit möglichen Fehlversuchen.

1 Lassen Sie Ihren Hund an einem Leckerchen schnüffeln. Führen Sie das Leckerchen an Ihrer rechten Körperseite vorbei nach hinten.

SITZ in der Grundstellung

2 Wechseln Sie hinter dem Rücken das Futterstückchen in die andere Hand.

3 Halten Sie das Leckerchen eng an Ihrem Körper. Ziehen Sie es links am Bein etwas nach oben.

4 Belohnen Sie den Hund, wenn er sich ohne Kommando neben Ihnen hinsetzt.

Tipp:
Wenn Sie diese Übung mit dem angeleinten Hund üben, sollte auch die Leine hinter dem Rücken in die andere Hand genommen werden, um Verwicklungen zu vermeiden.

Grundstellung: Fehlerfallen

Fehler: Der Hund sitzt schräg neben Ihnen. Das Hochziehen der Belohnung an der linken Seite verleitet die meisten Hunde, sich zu setzen. Halten Sie das Leckerchen beim Hochziehen mit der linken Hand vor die Nase des Hundes, so dass er es gut sehen kann, denn sonst rutschen viele Hunde nach vorne auf, um das Leckerchen im Blick zu halten.

Fehler: Der Hund setzt sich vor Sie. Wenn Ihr Hund die Tendenz hat, eine volle Runde um Sie herumzugehen und dann vorsitzt, weil er es so gelernt und verinnerlicht hat, üben Sie die Grundstellung so, dass links neben Ihnen eine Wand oder Ähnliches ist. Stellen Sie sich so dicht neben diese Wand, dass gerade noch genug Platz für Ihren Hund ist, um parallel neben Ihnen zu sitzen.

Grundstellung: Übungsplan

Zu Beginn dieses Trainings ist wichtig, dass der Hund die Nase am Leckerchen lassen kann. Bei einem kleinen ...

... Hund muss man sich etwas mehr bücken oder den Target-Stick zu Hilfe nehmen.

Übungen

Übung für „Schüler"
Grundstellung: Trainieren Sie den Bewegungsablauf, wie er im Übungsaufbau beschrieben ist.

Übung für „Lehrlinge"
Grundstellung: Führen Sie – sobald der Bewegungsablauf gut gelingt – ein Sprachkommando und ggf. ein Sichtzeichen ein. Dies kann beispielsweise eine angedeutete Bewegung mit der rechten Hand und mit gestrecktem Arm entlang Ihres Beines nach hinten sein (so, als ob Sie ein Leckerchen nach hinten führen).

Übung für „Meister"
Grundstellung: Belohnen Sie Ihren Hund, wenn er auf ihr Kommando prompt in die Grundstellung läuft. Warten Sie in dieser Position darauf, dass er Blickkontakt zu Ihnen aufnimmt und belohnen Sie ihn erst dann für seine Aufmerksamkeit.

Übung FUSS

Unter dem Kommando **FUSS** soll der Hund eng an der Seite des Besitzers und auf diesen konzentriert laufen. Er muss sich hierbei perfekt an die Geschwindigkeit des Hundeführers anpassen und auf jeden Richtungswechsel Acht geben. Dies ist ein wichtiger Unterschied zur Leinenführigkeit, denn dort kommt es nur darauf an, dass der Hund nicht an der Leine zieht.
Die Fuß-Übung ist eine Übung, in der sich der Hund sehr stark konzentrieren muss. Dadurch wird sie zur anspruchsvollen Aufgabe, auch wenn der Bewegungsablauf als solcher für den Hund nicht schwierig ist. Auch beim Fuß-Gehen wird der Hund im Hundesport links geführt. Wenn Sie ihn rechts führen wollen, gelten die Beschreibungen spiegelverkehrt.

**FUSS soll für den Hund bedeuten:
Laufe eng an der linken Seite des Menschen. Richte dabei konzentriert den Blick nach oben auf den Menschen. Halte die Geschwindigkeit, die der Mensch vorgibt.**

Der konzentrierte Blick auf den Besitzer ist ein wichtiger Inhalt der FUSS-Übung.

FUSS auf einen Blick

Übungsaufbau FUSS

Freifolge bei FUSS

Übungsaufbau FUSS

1 Lassen Sie Ihren Hund in der Grundstellung an einer Belohnung schnüffeln.

2 Laufen Sie mit dem Kommando **FUSS** los und achten Sie darauf, dass Sie die Belohnung so nah an die Hundenase halten, dass er den Blick nicht abwendet. Wenn Sie mit dem linken Fuß starten, geben Sie dem Hund einen guten Impuls zum Mitgehen.

3 Führen Sie den Hund so – konzentriert auf die Belohnung.

4 Wenn Ihr Hund so schön eng bei FUSS läuft und Sie konzentriert anguckt, können Sie das Kommando noch einmal wiederholen, um eine optimale Verknüpfung zwischen einer sehr guten Leistung und dem Signal für die Übung zu erreichen.

Belohnen Sie den Hund anfangs mit einem Leckerchen, später mit einer beliebigen Belohnung.

Übungsaufbau **FUSS**

1 Üben Sie mit Ihrem Hund verschiedene Geschwindigkeiten, wenn er die Übung als solche verstanden hat.

2 Sie können als Hilfe immer noch das Leckerchen in Sichtweite halten, um zu erreichen, dass Ihr Hund beim **FUSS**-Gehen konzentriert hochschaut.

3 Wiederholen Sie das Kommando bei längeren Strecken ab und zu, wenn Ihr Hund noch Schüler oder Lehrling ist. Achten Sie darauf, in diesem Trainingsstand das Kommando nicht zur Korrektur, sondern bei besonders guter Leistung zu benutzen.

Freifolge bei FUSS

1 Wenn Ihr Hund die Übung gut verstanden hat, gilt es, das Fuß-Gehen auch ohne Leine zu üben.

2 Auch hier zählt wieder, dass der Hund eng und konzentriert laufen soll.

Richtungswechsel bei FUSS

Bauen Sie in die Übung des Fuß-Gehens von Anfang an kleine Richtungswechsel ein. Das lässt die Übung spannender erscheinen und führt zu einer höheren Konzentration des Hundes.

Üben Sie auch, im 90-Grad-Winkel nach rechts und links abzubiegen. Der Hund soll dabei stets konzentriert eng neben Ihnen gehen.

Tipp:
Üben Sie mit dem Hund in der Freifolge die gleichen Übungen wie an der Leine. Immer neue Richtungswechsel und ein Wechsel der Schrittgeschwindigkeit halten auch hier die Aufmerksamkeit länger aufrecht.

Übungsaufbau Kehrtwende

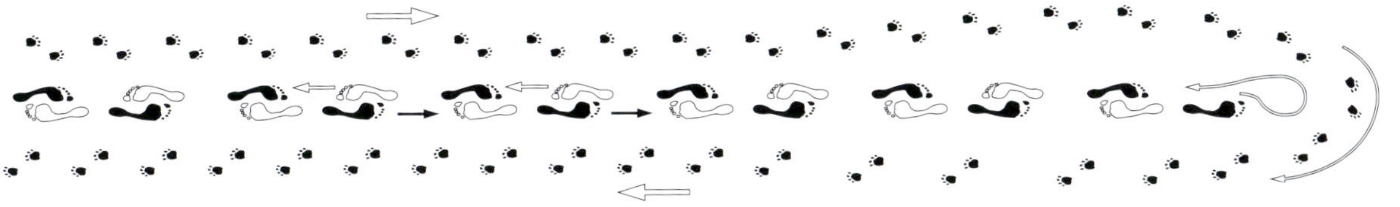

Bei der Wendung um 180° muss der Hund um seinen Besitzer herumgehen, damit er immer an der linken Seite bei **FUSS** bleibt.

1 Führen Sie Ihren Hund links bei **FUSS**. Nehmen Sie eine Belohnung in die rechte Hand. Halten Sie die Hand quer vor sich, nach links in Richtung Hund, sodass er daran schnüffeln oder das Leckerchen zumindest sehen kann. Umschreiben Sie dann vor sich mit dem Leckerchen in Ihrer Hand einen Halbkreis, indem Sie die Hand von links nach rechts herüberziehen.

2 Drehen Sie sich selbst gleichzeitig nach links. Führen Sie nach der halben Drehung Ihre rechte Hand wieder schnell nach links an die Hundenase und belohnen Sie Ihren Hund, wenn er dem Halbkreis, den Sie beschrieben haben, gefolgt ist und nun wieder links neben Ihnen angekommen ist.

3 Ihr Hund und Sie haben dann eine 180-Grad-Drehung vollzogen und gehen auf der selben Spur zurück, auf der Sie gekommen sind. Sie haben hierbei innen (nach links) gewendet und Ihr Hund ist (nach rechts) außen um Sie herum gelaufen.

FUSS: Fehlerfallen

Fehler: Dieser Junge führt den Hund in der Freifolge bei Fuß. Der Hund läuft schön eng, ist aber in diesem Moment nicht auf den Jungen konzentriert. In solch einem Moment sollte man den Hund nicht belohnen. Als Abhilfe sollte bei solchen Fehlern angehalten und konzentriert neu gestartet werden.

Fehler: Verlangen Sie nicht zu schnell zu viel von Ihrem Hund. Ein gutes Fuß-Gehen gelingt nur, wenn Ihr Hund sich schon ausreichend gut konzentrieren kann. Es ist einfacher für den Hund, zunächst nur kurze Strecken zu laufen, dann kann er kaum einen Fehler machen. Üben Sie parallel zur **FUSS**-Übung auch die Konzentrationsübung.

Tipp:

Bei einem Trainingsanfänger ist es nötig, die Belohnung – zum Beispiel ein Leckerchen – direkt an seiner Nase zu lassen, um seine Konzentration zu haben. Geben Sie Ihrem Hund die Hilfestellung, die er braucht, um die Übung brav zu absolvieren. Wenn Ihr Hund noch Geruchskontakt zur Belohnung braucht, können Sie folgendermaßen vorgehen:
Laufen Sie wie im Übungsaufbau beschrieben los und lassen Sie Ihren Hund auch beim Laufen am Leckerchen schnüffeln. Halten Sie das Leckerchen eng an Ihrem Bein. Ziehen Sie es dann in einer zügigen Bewegung eng an Ihrem Körper hoch (bis Hüft- oder Brusthöhe, je nach Größe des Hundes). Fast alle Hunde gucken dann einen kurzen Moment dem Leckerchen hinterher. Sagen Sie genau in diesem Moment **FUSS** und führen Sie Ihre Hand mit dem Leckerchen wieder in Richtung Hundeschnauze, um den Hund zu belohnen.

Tipp:

Lassen Sie die Leine in dieser Übung immer ganz locker durchhängen und motivieren Sie Ihren Hund über die in Aussicht gestellte Belohnung dazu, das Richtige zu tun. Achten Sie darauf, dass Sie anfangs wirklich nur sehr kurze Strecken – wenige Meter – gehen und Ihren Hund für das Hochgucken während des Laufens belohnen.

FUSS: Übungsplan

Übungen für „Schüler"

FUSS: Führen Sie Ihren Hund eng an Ihrer Seite und konzentrieren Sie ihn hierbei auf eine tolle Belohnung. Sagen Sie das Kommando in den Momenten, in denen Ihr Hund alles richtig macht.

FUSS: Gehen Sie stets nur kurze Strecken. Durch häufige Neustarts wird die Übung erleichtert.

FUSS: Üben Sie mit Ihrem Hund mal ein sehr langsames Fuß-Gehen und dann wieder eine flotte Gangart.

FUSS: Achten Sie in den Übungen darauf, den Hund immer dann zu belohnen, wenn er Sie konzentriert ansieht.

Übungen für „Lehrlinge"

FUSS: Lassen Sie Ihren Hund unter dem Kommando **FUSS** angeleint an Ihrer Seite laufen. Belohnen Sie ihn, wenn er alles richtig macht.

FUSS: Verändern Sie immer wieder die Geschwindigkeit.

FUSS: Üben Sie Richtungswechsel nach rechts und links.

FUSS: Trainieren Sie die Freifolge. Achten Sie darauf, den Hund ausreichend hoch zu motivieren, damit er keinen Fehler macht. Laufen Sie kurze Strecken und starten Sie häufig neu.

FUSS: Üben Sie ohne Leine die Kehrtwendung. Der Hund soll auch in der Wendung dicht bei Ihnen bleiben.

Übungen für „Meister"

FUSS: Üben Sie mit Ihrem angeleinten Hund das Fuß-Gehen. Achten Sie auf ein enges und konzentriertes Laufen. Versuchen Sie, schrittweise die Streckenlänge auszudehnen.

FUSS: Üben Sie mit Ihrem Hund die Kehrtwendung angeleint. Die Leine müssen Sie hierbei hinter dem Rücken einmal in die andere Hand wechseln.

FUSS: Trainieren Sie die Freifolge und dehnen Sie auch hier langsam die Streckenlänge aus. Belohnen Sie Ihren Hund für konzentriertes und enges Laufen.

FUSS: Variieren Sie die Geschwindigkeiten in der Freifolge. Ihr Hund soll sofort langsamer oder schneller werden und sich exakt Ihrer Geschwindigkeit anpassen.

FUSS: Üben Sie Richtungswechsel nach rechts und links in der Freifolge.

FUSS: Üben Sie STEH, SITZ oder PLATZ aus der Bewegung.

Übungen zur Konzentration

Wenn Sie die uneingeschränkte Aufmerksamkeit Ihres Hundes haben, ist das Führen und Lenken ein Kinderspiel. Wenn der Hund gelernt hat, dass es Spaß macht, sich auf Sie zu konzentrieren, können Sie ihn auch leichter motivieren (siehe Seite 15). Eine einfache, aber sehr wirkungsvolle Konzentrationsübung (Übungsaufbau s. Seite 19) ist Folgende:

Bleiben Sie mit Ihrem angeleinten Hund ohne Kommando einfach stehen. Ob sich der Hund setzt oder stehen bleibt, ist für diese Übung nicht entscheidend. Warten Sie in dieser Stellung geduldig. Sobald der Hund Sie anschaut wird er belohnt, je nach Ablenkung kann das – wie hier zu sehen – anfangs einen Moment dauern.

Diese Übung sollten Sie auf dem Spaziergang immer wieder machen. Nach ein paar Wiederholungen gelingt das auch in Ablenkungssituationen. Der Hund lernt hierbei, dass es ein Erfolg für ihn ist, sich an Ihnen zu orientieren.

Konzentrationsübung für Schüler in Ablenkungssituationen

Wenn ein Hund am Anfang des Trainings steht, kann er sich noch nicht so lange konzentrieren. Dies gilt ganz besonders für Welpen. Geben Sie ihm die Hilfe, die er für seinen Trainingsstand braucht.

Hier sind die Welpen rechts und links auf ein Leckerchen konzentriert, das ihnen vor die Nase gehalten wird, damit sie die Konzentration nicht verlieren. Der Welpe in der Mitte soll seiner Besitzerin folgen und zwischen den beiden Hunden hindurchgehen. Er wird mit einem Futterstückchen gelockt. Die Hunde lernen, dass sie an einander auch vorbeigehen können, ohne Kontakt aufzunehmen.

Konzentrationsübung
für Lehrlinge und Meister

Verlängern Sie nach und nach das Zeitintervall, nach dem der Hund für das konzentrierte Anschauen seine Belohnung bekommt.

Achtung:
Das Wichtigste ist, dass der Hund belohnt wird, bevor er wegschaut. Arbeiten Sie auch hier wieder deutlich unterhalb der Grenze der Konzentrationsfähigkeit des Hundes, sonst macht er zu viele Fehler und lernt daraus nicht das Richtige.

Anschauen auf Kommando

In den bisher vorgestellten Konzentrationsübungen wurde ohne Kommando gearbeitet. Das ist wichtig, denn der Hund soll lernen, sich von selbst immer wieder am Besitzer zu orientieren und sich auf ihn zu konzentrieren.

In dieser neuen Übung soll der Hund nun lernen, auf ein entsprechendes Signal hin den Besitzer anzuschauen. Dies kann für starke Ablenkungssituationen eine wichtige Basisübung sein (siehe Seite 112).

Tipp:
Üben Sie das Anschauen auf Kommando (Übungsaufbau s. Seite 19) mehrmals täglich. Benutzen Sie stets einen freundlichen Tonfall. Steigern Sie über einige Wochen hinweg in sehr kleinen Schritten den Grad der Ablenkung, um die Übung sauber aufzubauen.

Stecken Sie Ihrem Hund ein Leckerchen zu, wenn er Sie angeschaut hat, nachdem Sie zum Beispiel „GUCK MAL“ gesagt haben.

Übung Korrekturwort

Den Hund korrigieren zu können, wenn er etwas macht, was man nicht möchte, ist sehr hilfreich. Für den Hund soll das Korrekturwort bedeuten: Hör auf damit, Du wirst mit Deiner Handlung keinen Erfolg haben! Versuch etwas anderes, vielleicht wirst Du dafür belohnt.

Für den Hund entsteht dadurch kein Stress, denn er weiß, dass er Alternativen hat. Mit Hilfe des Korrekturwortes kann man also Handlungen unterbrechen, macht den Hund aber nicht scheu, auch immer wieder neue Dinge zu versuchen. Der Zweck des Trainings ist schließlich, den Ideenreichtum des Hundes nicht zu unterbrechen, sondern ihm zu vermitteln, was er tun soll.

Den Nachteilen der Strafe (s. Seite 8) kann man entgehen, wenn man dem Hund ein Korrekturwort beigebracht hat.

Tipp:

Als Korrekturwort können Sie selbstverständlich ein beliebiges Kommando wählen. **„NEIN!“** kommt einem zwar schnell über die Lippen, ist aber als Kommando ungeeignet, weil man es auch im Alltag verwendet, ohne zwangsläufig damit immer den Hund zu meinen. Das kann zu Verwirrungen oder zu einem Fehler im Übungsaufbau führen.

Besser geeignet ist ein Befehl wie **„LASS ES!“**, den man normalerweise im Alltag nicht benutzt. Der Hund kann dann keinen Zweifel haben, ob wirklich er gemeint ist, wenn er diesen Befehl hört.

Das Korrekturwort kann auch eingesetzt werden, wenn der Hund zu gierig ist. Dieser Hund reagiert schon gut und hält Abstand.

Korrekturwort: Übung 1

Bitten Sie eine Hilfsperson, dem Hund ein Leckerchen anzubieten. Instruieren Sie die Person, das Leckerchen so gut festzuhalten (ggf. indem die Hand geschlossen wird), dass der Hund es nicht bekommen kann. Sagen Sie das Korrekturwort, sobald der Hund Interesse an dem Leckerchen zeigt. Lassen Sie ihn dann selbst herausfinden, was Sache ist. Auch wenn er trotz Ihres Korrekturkommandos an dem Leckerchen leckt oder schnüffelt, macht das nichts, denn er frustriert sich dadurch selbst. Einzig wichtig ist, dass er das Futterstückchen nachdem Sie ihm das Kommando gegeben haben auch wirklich nicht bekommt.

Belohnen Sie ihn, sobald er sich von dem verlockenden Leckerchen abwendet und Sie anschaut.

Tipp:
Geben Sie Ihrem Hund das Korrekturkommando nur ein Mal, und zwar entweder kurz bevor er an dem Leckerchen ist oder wenn er gerade anfängt, daran zu schnüffeln! Lassen Sie ihn so lange an dem Leckerchen wühlen, bis er die Lust verliert. Er soll lernen, dass Sie es besser wissen als er! Wenn Sie ihn korrigiert haben, wird er keinen Erfolg haben. Für diesen wichtigen Lerninhalt sind viele Wiederholungen nötig.

Korrekturwort: Übung 2

1 Lassen Sie ein Leckerchen auf den Boden fallen, sodass der Hund es sehen kann. Sagen Sie zeitgleich Ihr Korrekturwort. Stellen Sie anfangs Ihren Fuß darauf, wenn der Hund es nehmen möchte.

2 Warten Sie geduldig, bis der Hund von selbst aufhört, sich um das Leckerchen zu kümmern.

Tipp:

Es kann einige Zeit dauern, bis der Hund aufgibt und etwas anderes versucht. Bleiben Sie geduldig und wiederholen Sie auch in dieser Übung das Kommando nicht. Wenn Ihr Hund schon weiß, worauf es ankommt, brauchen Sie das Leckerchen nicht mehr mit Ihrem Fuß zu sichern. Der Fuß dient nur der Sicherheit, dass er wirklich keinen Erfolg haben kann, wenn Sie ihn korrigiert haben!

3 Belohnen Sie ihn, wenn er Sie anschaut und das Leckerchen ignoriert.

Korrekturwort: Übung 3

1 Halten Sie in beiden Händen Leckerchen und lassen Sie dem Hund aus beiden Händen immer wieder ein Häppchen zukommen. Setzen Sie dann in einem beliebigen Moment Ihr Korrekturwort ein und halten Sie das Leckerchen, das sich der Hund gerade nehmen wollte, so gut fest, dass er es nicht bekommen kann.

2 Lassen Sie Ihren Hund überlegen, was zu tun ist.

3 Belohnen Sie ihn, wenn er sein Glück an der anderen Hand versucht, denn er zeigt hiermit eine alternative Verhaltensweise.

Eine Steigerung dieser Übung erreichen Sie, indem Sie die Hände nach und nach nicht mehr so dicht beieinander halten. Der Hund muss dann nach der Korrektur zur anderen Hand laufen, um sich sein Belohnungsleckerchen zu holen. Er lernt hierbei gut, dass eine andere Handlung bzw. eine Umorientierung zum Erfolg führen kann.

Tipp:
Der Hund soll nicht lernen, dass er aus einer bestimmten Hand keine Leckerchen nehmen darf. Variieren Sie also mit den Händen und lassen Sie ihn zwischendurch aus beiden Händen eine ganze Anzahl Leckerchen nehmen.

Übung APPORT

Das Apportieren ist eine Übung, die vielen Hunden großen Spaß macht. Denn Dinge zu suchen, zu finden, zu überwältigen und dann zu tragen, liegt Hunden im Blut. Aber nicht jeder Hund bringt die gleiche Begeisterung mit. Wenn der Hund die Übung verstanden hat, stehen einem Tür und Tor offen, um ihm in leichter Abwandlung auch andere Dinge beizubringen. Man kann einen Hund, der gut apportieren kann, beispielsweise leicht zum Boten machen oder ihn Dinge suchen und bringen lassen. Über das Kommando APPORT kann man den Hund für echte Aufgaben einsetzen oder ihn über Spiele beschäftigen.

Die APPORT-Übung besteht aus vielen Einzelteilen wie dem Halten, dem Bringen, und nicht zuletzt auch dem AUS-Geben des apportierten Gegenstandes.

Tipp:
Sollten beim Übungsaufbau Schwierigkeiten auftreten, wählen Sie den Trainingsschritt kleiner und untergliedern Sie die Übung noch weiter in ihre Einzelteile.

Sitzen zu bleiben, während das Spielzeug geworfen wird, erfordert ein hohes Maß an Konzentration.

APPORT auf einen Blick

Übungsaufbau HALTEN

Übungsaufbau APPORT

APPORT für Fortgeschrittene

Übungsaufbau HALTEN

Das Halten ist eine Grundvoraussetzung für die Apportübung und sollte deshalb als gesonderte Übung trainiert werden. In dieser Übung muss der Hund nicht unbedingt sitzen. Achten Sie aber darauf, dass er den Gegenstand nicht wegtragen kann. Für den Anfang eignet sich zum Beispiel ein Ball an der Schnur, denn dann können Sie den Gegenstand gleichzeitig am anderen Ende halten. Verlängern Sie schrittweise die Zeitdauer, die Ihr Hund den angewiesenen Gegenstand halten soll.

1 Geben Sie dem konzentrierten Hund ein interessantes Objekt in den Fang.

2 Sagen Sie **HALTEN** und loben Sie ihn, wenn er ihn aufnimmt und hält.

3 Lassen Sie sich den Gegenstand nach ein paar Sekunden wieder **AUS**-geben.

4 Belohnen Sie den Hund, wenn er Ihnen den Gegenstand **AUS**-gegeben hat.

Übungsaufbau APPORT

Um dem Hund die Apport-Übung beizubringen, ist auch hier ein Ball an der Schnur sehr gut geeignet. Am besten lassen Sie den Hund bei den ersten Übungen auch angeleint.

1 Lassen Sie den Hund **SITZ** machen und legen Sie ein paar Schritte entfernt den Gegenstand aus, den er apportieren soll. Führen Sie den Hund dann in Richtung des Gegenstandes.

2 Sagen Sie **APPORT**, sobald der Hund den Gegenstand in die Schnauze genommen hat. Wenn er ihn gleich wieder loslässt, erinnern Sie ihn anfangs mit **APPORT** und **HALTEN** an die **HALTEN**-Übung.

3 Gehen Sie ein oder zwei Schritte zurück, sodass der Hund mit dem aufgenommenen Gegenstand auf Sie zugehen muss. Hierbei können Sie das Kommando **APPORT** noch einmal wiederholen.

4 Lassen Sie sich dann den Gegenstand **AUS**-geben und belohnen Sie Ihren Hund.

APPORT für Fortgeschrittene

Übungen für „Meister"

1 Lassen Sie Ihren Hund in der Grundstellung sitzen.

2 Konzentrieren Sie Ihren Hund auf das Kommando **SITZ** und werfen Sie den Ball.

Tipp:

Damit der Hund eine Beziehung zum Gegenstand aufbauen kann, muss man den Gegenstand interessant machen. Folgende Vorgehensweise bringt meist den gewünschten Erfolg:

- Zeigen Sie Ihrem Hund den entsprechenden Gegenstand, aber lassen Sie ihn nicht oder nur kurz daran schnuppern. Viel Spannung kann man aufbauen, wenn man um den Gegenstand jedes Mal richtig viel Theater macht.
- Verfahren Sie so einige Tage lang. Halten Sie den Gegenstand gut unter Verschluss, damit der Hund ihn sich nicht eigenständig holen kann. Lassen Sie ihn das Objekt, sobald sein Interesse geweckt ist, für zunächst kurze Zeit halten oder kurz tragen.
- Belohnen Sie die ersten Übungen mit dem neuen Gegenstand überschwänglich.
- Halten Sie die ersten Übungen kurz und gestalten Sie die Übungen einfach, damit Ihr Hund ein sicheres Erfolgserlebnis verbuchen kann.

6 Bei einem Lehrling wiederholen Sie das Kommando, wenn er den Ball aufgenommen hat.

3 Unterstützen Sie das Kommando **APPORT** durch ein Sichtzeichen.

4 Schicken Sie ihn mit **APPORT** los ...

5 ... um den Gegenstand zu holen.

7 Ihr Hund soll mit dem Ball auf kürzestem Weg ...

8 ... zu Ihnen zurückkehren.

9 Ihr Hund setzt sich mit dem Ball im Fang vor Sie. Loben Sie ihn!

APPORT: Übungsplan

Übungen für „Schüler“

APPORT: Bauen Sie mit Ihrem Hund eine Beziehung zum Gegenstand auf, den er später apportieren soll.

APPORT: Üben Sie die Übungen HALTEN und AUS.

APPORT: Zusätzlich können Sie auch das Kommando SUCH aufbauen. Das ist leicht zu erreichen, indem Sie zum Beispiel das Lieblingsspielzeug auslegen und mit Ihrem Hund zusammen dort hingehen. Sagen Sie SUCH und weisen Sie in die Richtung, bis er es gefunden hat. Loben Sie ihn dann.

APPORT: Trainieren Sie den Übungsaufbau der **APPORT**-Übung. Lassen Sie den Hund hierzu zunächst angeleint und halten Sie auch den Gegenstand, den Sie auslegen, an einer langen Schnur fest.

Übungen für „Lehrlinge“

APPORT: Lassen Sie Ihren Hund auch ohne Leine den Gegenstand bringen, wenn er den Übungsaufbau verstanden hat.

APPORT: Wenn die Übung gut klappt, müssen Sie den Gegenstand nicht mehr an einer Schnur gegen das Wegtragen sichern.

APPORT: Dehnen Sie in kleinen Schritten die Distanz aus, die der Hund bis zum bzw. mit dem Gegenstand im Fang zurücklegen muss.

APPORT: Trainieren Sie dann den Übungsaufbau für Fortgeschrittene. Gestalten Sie die Übung immer so, dass sie Ihrem Hund Spaß macht. Strenge Korrekturen verleiden dem Hund das Training. Wenn Ihr Hund Fehler macht, ist das Leistungsniveau, das Sie verlangen, zu hoch.

APPORT: Versuchen Sie, Ihrem Hund auch ausgefallene Gegenstände wie Korb oder Brötchentüte vertraut zu machen, die er später apportieren soll.

Übungen für „Meister“

APPORT: Legen Sie nun Gegenstände aus, die Ihr Hund suchen muss, bevor er sie apportieren kann.

APPORT: Vergrößern Sie weiterhin die Distanz zum Gegenstand.

APPORT: Lassen Sie Ihren Hund zum Beispiel auch über eine kleine Hürde springen, um zu dem Gegenstand zu gelangen. Sie können auch trainieren, dass er auf dem Rückweg die Hürde mit dem Gegenstand im Fang nochmals überwinden muss.

APPORT: Trainieren Sie nun auch mit Gegenständen, die etwas außergewöhnlicher sind.

APPORT: Binden Sie Ihren Hund in den Alltag ein, indem Sie ihn etwa einen Regenschirm oder die Zeitung tragen lassen.

APPORT: Benutzen Sie ihn zu Hause als Boten, um Dinge von einer Person zur nächsten zu bringen. Hierbei müssen natürlich anfangs beide Familienmitglieder den Hund entsprechend anleiten, indem die erste Person dem Hund mit HALTEN den Gegenstand gibt und die zweite Person dann **APPORT** verlangt.

Linke Seite: Dieser Hund wartet voller Konzentration auf die nächste APPORT-Übung.

Übung VORAUS

Das **VORAUS**-Schicken ist eine nützliche Übung, denn man kann dem Hund dann sehr leicht Richtungsanweisungen geben. Die kleine Schwierigkeit, dem Hund zu vermitteln, wohin er voraus laufen soll, kann man zum Beispiel mit Hilfe des Target-Sticks meistern.

Übungsaufbau Target-Stick

Schritt 1:
Bringen Sie Ihrem Hund bei, mit der Nase an die Spitze eines Teleskopstiftes (oder eines andersartigen Target-Sticks) zu tippen. Halten Sie den Stift so, dass der Hund die Stiftspitze bequem mit der Nase erreichen kann. Belohnen Sie den Hund jedes Mal, wenn er mit der Nase die Spitze berührt hat (siehe Abbildung unten).

Schritt 2:
Variieren Sie die Haltung des Stiftes, sodass sich der Hund bewegen muss, um an die Spitze tippen zu können. Belohnen Sie ihn weiterhin jedes Mal, wenn er mit der Nase die Spitze berührt.

Schritt 3:
Geben Sie dem Hund nun für etwa hundert Wiederholungen immer kurz bevor er die Stiftspitze antippt, ein Kommando, beispielsweise **TIPP**. Belohnen Sie ihn wie gewohnt jedes Mal für das Antippen des Stiftes.

Schritt 4:
Sagen Sie nun das Kommando zum Antippen der Stiftspitze in beliebigen Momenten, bevor der Hund es von sich aus tun wollte. Belohnen Sie den Hund nur noch, wenn er auf Ihr Kommando hin die Stiftspitze mit der Nase berührt. Alle anderen „freiwilligen" Berührungen werden ignoriert.

Tipp:
Als Target-Stick eignet sich beispielsweise ein so genannter Teleskop-Stift, wie Sie ihn in gut sortierten Schreibwarengeschäften bekommen.

Dieser Hund ist auf dem richtigen Weg. Er tippt mit der Nase an den Stift.

Übungsaufbau VORAUS

Stecken Sie den Target-Stick in den Boden, so dass die Spitze, die der Hund berühren soll, nach oben zeigt. Entfernen Sie sich dann ein paar Meter mit Ihrem Hund vom Target-Stick. Sie können den Hund zum Beispiel neben sich sitzen lassen. Wenn Ihr Hund ruhig und konzentriert ist, beginnen Sie die Übung.

1 Schicken Sie ihn mit dem Kommando TIPP für das Antippen des Stiftes los und weisen Sie mit der Hand in diese Richtung.

2 Der Hund läuft zielstrebig bis zum Taget-Stick.

3 Da er schon vorher gelernt hat, den Stift mit der Nase anzutippen, gibt es für ihn keinen Zweifel, wo er hinlaufen muss.

4 Wenn er am Stift angekommen ist, haben Sie die Möglichkeit, dem Hund eine andere Aufgabe zu geben. Hier soll der Hund PLATZ auf Entfernung machen.

Da diese Übung aus vielen Einzelteilen besteht, ist sie nicht einfach. Bieten Sie dem Hund eine tolle Belohnung, wenn er gut mitgearbeitet und sich auf seine Aufgabe konzentriert hat.

Tipp:
Soll der Hund mit Hilfe des Target-Sticks auch andere Übungen lernen, sollte man ein beliebiges Kommando (beispielsweise TIPP) für das Antippen des Stiftes aufbauen. In der Voraus-Übung sollten im Übungsaufbau dann zunächst zwei Kommandos benutzt werden (z.B. „VORAUS, TIPP"). So kann der Hund eine gute Verknüpfung zu der neuen Übung herstellen und das neue Kommando lernen.

Nützliche Übungen

Im Alltag gibt es oft Situationen, die ein Hund nur dann zur vollen Zufriedenheit meistern wird, wenn dies entsprechend geübt bzw. er mit dieser Situation gut vertraut gemacht wurde. Hierzu folgen einige Übungen.

Nicht-Anspringen

Anspringen wird von vielen Menschen als lästig empfunden. Einige Menschen haben auch Angst davor. Gewöhnen Sie Ihrem Hund also beizeiten ab, Personen anzuspringen.

Der Spaß am Anspringen steht und fällt für den Hund mit dem Feedback, das er erntet (s. Seite 8). Bedenken Sie, dass auch ein negatives Feedback für den Hund ein „Erfolg“ sein kann.

Einem jungen Hund, der noch nicht so viele Erfolgserlebnisse mit dem Anspringen hatte, können Sie besonders gut klar machen, dass das Anspringen zu nichts führt.

1 Führen Sie Ihren Hund auf eine Person zu, die ihn ruhig auch zum Springen verleiten kann, indem Sie ihn freundlich anspricht.

2 Diese Hilfsperson soll, sobald der Hund sie anspringt, keinerlei Regung mehr zeigen und den Hund völlig ignorieren – auch nicht anschauen.

3 Auf diese Weise macht das Springen keinen Spaß mehr. Dieser Hund versucht, doch noch eine Regung aus der Hilfsperson herauszukitzeln, hat aber keinen Erfolg. Sobald der Hund wieder mit allen vier Pfoten auf dem Boden steht, kann er wieder Beachtung finden.

1 Verleiten Sie Ihren Hund dazu, Sie anzuspringen, indem Sie eine tolle Belohnung hochhalten.

2 Sprechen Sie nicht mit ihm und zeigen Sie keine Regung, solange er springt. Im Idealfall sollte der Hund beim Springen noch nicht einmal mehr angeguckt werden, denn alleine den Blickkontakt könnte er schon als Teilerfolg für das Springen werten.

3 Belohnen Sie ihn sofort, wenn er etwas anderes probiert. Dieser Hund versucht zum Beispiel, ob zu sitzen erfolgreicher ist und er lernt: Ja, sitzen ist besser als anspringen.

Tipp:
Das Nicht-Anspringen ist eine Übung ohne Kommando, denn auch eine Ansprache, und sei es ein Verbot, kann der Hund als Erfolg verbuchen.

Begegnungen auf dem Spaziergang

1 Trainieren Sie mit Ihrem Hund intensiv die Übung Anschauen auf Kommando (s. Seite 95) und versuchen Sie, dieses Kommando dann in zunächst nicht so schwierigen und später immer ablenkungsreicheren Situationen einzusetzen.

2 Diese Hunde verhalten sich sehr brav. Sie haben gelernt, bei einer Begrüßung nicht hochzuspringen oder an der Leine zu zerren.

Auf dem Spaziergang gibt es täglich viele verschiedene Begegnungen mit Hunden und Menschen. Für einen Hund, der gerne mit anderen Hunden zusammen ist, gibt es nichts Schöneres, als ausgelassen mit seinen Artgenossen zu toben. Üben Sie mit Ihrem Hund aber dennoch, auch an Artgenossen ohne vorherige Kontaktaufnahme vorbeizugehen, denn nicht alle Hunde sind freundlich oder mögen enge Kontakte (vgl. Seite 94).

Auch nahe Kontakte zu Artgenossen ohne Beschnüffeln können Sie trainieren. Beide Hunde werden in dieser Übung an der Leine geführt und sitzen an der Seite der Hundeführer, während sich die Hundeführer mit Handschlag begrüßen (siehe Abbildung 2). Wenn diese Übung mit befreundeten Hunden und Hundehaltern intensiv trainiert wird, geht der Ablauf dem Hund in Fleisch und Blut über. Wer dieses Training an wechselnden Orten und mit wechselnden „Gegenspielern" übt, legt den Grundstein dafür, dass der Hund sich auch im Alltag in unterschiedlichsten Situationen brav verhält.

In ähnlicher Weise sollte der Hund auch auf Begegnungen mit Joggern oder Reitern vorbereitet werden. Setzten Sie anfangs in dieser Übung zwei oder mehr Leckerchen ein. Das erste bekommt der Hund,

3 Diese Hunde sind mit Pferden vertraut. Sie warten brav in der SITZ-Position am Wegrand. Bei leicht erregbaren Hunden empfiehlt es sich, die Hunde andersherum sitzen zu lassen, so dass sie dem Besitzer zugewandt sind.

wenn die Ablenkung sichtbar wird und er sich Ihnen zuwendet. Das zweite Leckerchen bekommt er, wenn der Hund vom Reiter, Jogger, Radfahrer etc. überholt wird. Der erste Snack dient dazu, dem Hund ein positives Gefühl in der Situation zu vermitteln. Er lernt, Sie schnell anzuschauen, wenn er eine solche Ablenkung sieht, denn an dieser Stelle erwartet er dann seine Belohnung. Das zweite Leckerchen dient zur Ablenkung beziehungsweise zur Belohnung in dem Moment, in dem sich der Hund brav verhalten hat. Wenn Sie den Hund in solchen Momenten zusätzlich immer am Wegrand absitzen lassen, können Sie ein besonders hohes Trainingsniveau und eine gute Kontrolle über den Hund erreichen (siehe Abbildung 3).

Begegnungen auf dem Spaziergang: Fehlerfallen

1) bis 3) Fehler: Der linke Hund in diesem Beispiel droht, weil seine Besitzerin den fremden Hund begrüßt. Für beide Hunde ist diese Situation nicht ideal. Der rechte Hund wird in eine Situation gedrängt, die ihm nicht angenehm sein kann, denn er wird von dem weißen Hund angedroht und sollte nicht näher kommen, die linke Person aber lockt ihn mit der Begrüßung. Er steckt in einem sozialen Dilemma. Auch der linke Hund lernt in solch einem Moment nur, wie er sich nicht verhalten soll und wird darin geschult, aggressiv zu reagieren.

Manche Hunde reagieren aggressiv, wenn der Besitzer einen anderen Hund anfasst oder ihm Leckerchen geben will. Solche Spannungsmomente können leicht vermieden werden, indem man fremden Hunden nicht in einem übertriebenen Maße Beachtung schenkt.

Transportbox

Wenn der Hund daran gewöhnt ist, in einer Transportbox zu schlafen oder in der Box transportiert zu werden, werden einige Situationen zum Kinderspiel. Auch in fremder Umgebung fühlt sich der Hund dann sehr schnell zu Hause.

Von ausschlaggebender Wichtigkeit ist aber, dass dem Hund die Transportbox als etwas sehr Positives dargestellt wird, damit er wirklich gerne in die Box geht und im nächsten Schritt auch lernt, dort für zunächst kurze, später längere Phasen zu bleiben und sich dabei wohl zu fühlen.

Üben Sie über einige Tage hinweg schrittweise, sodass sich Ihr Hund immer etwas länger in der Box aufhält.

Tipps für das Training:

- Füttern Sie Ihren Hund in der Box.
- Verstecken Sie in der Box immer wieder Leckerchen oder Spielzeug. Animieren Sie Ihren Hund, gelegentlich in der Box nachzusehen, ob etwas drin ist.
- Bieten Sie ihm dann z.B. Kauknochen in der Box an und schließen Sie kurzzeitig die Boxentür.
- Üben Sie die **BLEIB**-Übung bei offener und geschlossener Tür in der Box. Dehnen Sie hierbei schrittweise die Zeiten aus.

1 Stellen Sie die Box offen hin und spielen Sie mit Ihrem Hund ein lustiges Ziehspiel.

2 Lassen Sie sich mit dem Befehl **AUS** oder im Tausch gegen ein Leckerchen das Spielzeug geben (s. Seite 58 ff.).

3 Werfen Sie das Spielzeug in die offene Box.

4 Warten Sie nun, was Ihr Hund macht. Loben Sie ihn, wenn er in die Box geht.

5 Loben Sie ihn, wenn er sich in der Box mit dem Spielzeug beschäftigt.

6 Wichtig ist der Spaß bei der Übung!

7 Wenn Ihr Hund das Spielzeug herausbringt, kann diese erste Gewöhnungsübung von vorne beginnen.

Pflege- und Handlingübungen

Körperpflege durch den Menschen ist für Hunde nicht immer angenehm. Vor einigen Dingen haben Hunde Angst, andere Berührungen finden sie unangenehm und vor allem wir Menschen erscheinen ihnen bei den Pflegemaßnahmen oft bedrohlich. Allein schon die starke und zielgerichtete Konzentration auf bestimmte Körperteile ist aus Hundesicht eine Drohgeste. Aber ohne diese Konzentration ist die Pflege des Fells und die Gesundheitskontrolle nicht möglich. Sie sollten deshalb diese Handlungen gezielt üben und dem Hund vermitteln, dass er damit sogar positive Erlebnisse verknüpfen kann. Dann wird es nie zu ernsthaften Problemen kommen.

Für alle im Folgenden aufgeführten Übungen gilt: Zeigt der Hund Angst oder Abwehrhaltung, sollten Sie das nächste Mal die Schwierigkeitsstufe noch einmal zurücksetzen. Wehrt er sich bei Handlungen und Manipulationen, die man nicht in kleinere Einzelschritte untergliedern kann, gilt es, den Hund unverändert – aber ohne zu schimpfen! – festzuhalten. Warten Sie so lange, bis er die Gegenwehr einstellt (das kann dauern) und belohnen Sie ihn erst, wenn er sich wirklich beruhigt hat und still hält.

Im Rahmen der „Pflege-Übungen" kann man die Tatsache ausnutzen, dass Hunde sehr enge Ortsverknüpfungen herstellen. Wenn Sie die Übungen zu Hause mit dem Hund trainieren, können Sie einen Trick anwenden, damit sich Ihr Hund beispielsweise auch beim Tierarzt gut behandeln lässt. Führen Sie hierzu ein Signal ein, das für den Hund bedeutet, dass die tollen Pflege-Übungen anstehen. Als Signal kann man beispielsweise ein großes Handtuch einsetzen. Wenn man den Hund die Übungen immer auf dem Handtuch machen lässt, verbindet er dieses Signal ganz automatisch mit den Übungen. Bei einem Tierarztbesuch nehmen Sie das Handtuch mit und legen es auf den Behandlungstisch. Der Hund fühlt sich dann an die Übungssituation erinnert, die er genossen hat, und ist weniger ängstlich.

Achtung:
Wenn Ihr Hund Sie als Reaktion auf Ihre Pflegemaßnahmen bedroht oder nach Ihnen schnappt oder beißt, müssen Sie unbedingt Vorsichtsmaßnahmen ergreifen! Beginnen Sie in diesem Fall mit dem Maulkorbtraining (s. Seite 122). Die anderen Übungen sollten Sie erst beginnen, wenn Ihr Hund gut an den Maulkorb gewöhnt ist und ihn ohne Probleme in den Übungen tragen kann.

Bürsten

Nicht jeder Hund mag das Bürsten. Je nach Fellbeschaffenheit und -länge ist die Fellpflege eine längere Prozedur, bei der es auch einmal ziepen kann. Darüber hinaus empfindet der Hund viele Situationen beim Bürsten als bedrohlich, wenn er nicht gelernt hat, in

Tipp:
Wenn Ihr Hund das Bürsten nicht mag oder sehr unruhig ist, hilft oft folgender Trick: Bestreichen Sie ein großes Brett oder einen großen Teller dünn, aber auf der ganzen Fläche mit Leberwurst oder Streichkäse. Lassen Sie den Hund dann daran lecken und lutschen, während Sie mit den Körperpflegemaßnahmen beginnen.
Beachten Sie dabei eine wichtige Regel, um den Hund in Zukunft duldsamer zu machen: Die ihm unangenehmen Handlungen müssen beginnen, bevor der Hund seine „Belohnung" bekommt und beendet sein, bevor seine Belohnung zu Ende ist. Gehen Sie also auch hierbei schrittweise vor, indem Sie nur einzelne Körperteile durchbürsten.

Übungsplan

- Üben Sie mit Ihrem Hund, alle Körperteile zu berühren. Beginnen Sie hierbei mit Körperstellen, an denen sich Ihr Hund sowieso gerne oder problemlos anfassen lässt.
- Berühren Sie ihn dann kurz dort, wo er es weniger schätzt, und geben Sie ihm sofort danach ein Leckerchen.
- Bauen Sie dann in den nächsten Tagen die Duldsamkeit des Hundes aus, indem Sie ihn immer ein wenig länger berühren. Vergessen Sie aber nicht, ihn sehr häufig zu belohnen. Nutzen Sie hierfür stets Momente, in denen sich Ihr Hund ruhig und brav verhält.
- Wenn Ihr Hund sich überall gut anfassen lässt, können Sie mit den Bürsten-Übungen beginnen. Verfahren Sie hierbei auch schrittweise, so wie oben beschrieben.

Tipp:

Wenn Ihr Hund einige Gehorsamsübungen schon sehr gut gelernt hat, können Sie ihn während der Pflege-Übungen auch über die Kommandos zu mehr Mitarbeit anhalten. Für Schüler oder Lehrlinge ist dies allerdings noch nicht zu empfehlen.

1

2

3

1 Beginnen Sie mit dem Bürsten dort, wo Ihr Hund es angenehm findet. Dieser Hund findet das Bürsten am Hals angenehm, während er sich nicht gerne an den Beinen bürsten lässt. Loben Sie Ihren Hund, wenn er brav stehen bleibt. An der Ohrstellung kann man hier sehen, dass er nicht so ganz entspannt ist.

2 Ab und zu den Blick abzuwenden wirkt auf den Hund besonders freundlich.

3 Bürsten Sie die Problemzone nur kurz und belohnen Sie Ihren Hund, wenn er sich brav verhalten hat. Häufige „Neustarts" machen dem Hund die Situation angenehmer. Der Einsatz von Beschwichtigungsverhalten ist selbstverständlich auch hier zu empfehlen.

diesem Zusammenhang den vermeintlichen Drohgesten keine Bedeutung beizumessen und das Bürsten zu genießen.

Es lohnt sich deshalb, mit dem Hund das Bürsten schrittweise zu üben, bis er es genießt und sich richtig darauf freut. Achten Sie darauf, eine Bürste zu benutzen, die keine scharfen Zinken oder Drahtborsten hat, denn diese kratzen auf der Haut und können dem Hund die Körperpflege verleiden.

Diese Übung können Sie in abgewandelter Form auch auf das Abtrocknen des nassen Hundes oder für das Pfotenabputzen anwenden.

Tragen eines Verbandes

Fast jeder Hund hat irgendwann einmal eine Verletzung. Wenn diese medizinisch versorgt werden muss und der Hund einen Verband angelegt bekommt, wird es oft problematisch: Die Wunde tut dem Hund vielleicht noch weh und der Verband ist ungewohnt und erscheint ihm lästig.

Das zweite Problem können Sie jedoch im Vorfeld ausschalten, indem Sie den Hund prophylaktisch an das Tragen eines Verbandes gewöhnen. Gleichzeitig sollten Sie ihm beibringen, dass er sich den Verband nicht eigenständig abnimmt oder ihn als „Kauspielzeug" missbraucht.

Verbinden Sie dem Hund zunächst eine Pfote. Dabei macht sich die Bürsten-Übung bezahlt, denn hier hat der Hund schon gelernt, Manipulationen an jeder Körperstelle zu dulden.

Dehnen Sie in dieser Übung langsam die Zeitintervalle aus, in denen der Hund den Verband trägt. Achten Sie anfangs stets auf eine sehr gute Kontrolle, indem Sie ihn konzentrieren oder ablenken. Erst nach und nach können Sie die Ablenkungshilfen allmählich abbauen.

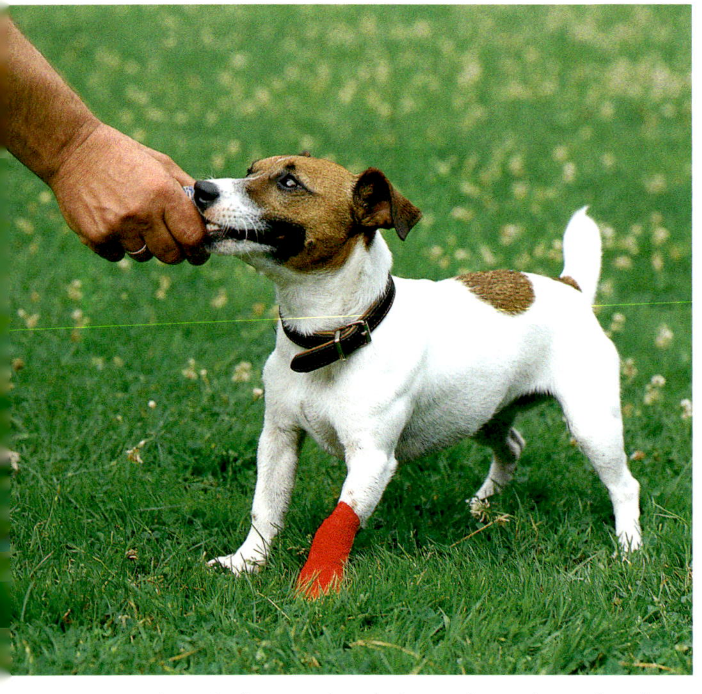

Lenken Sie den Hund nach dem Anlegen des Verbandes mit einem Leckerchen ab. An der Körperhaltung dieses Hundes kann man erkennen, dass er das alles noch sehr fremd findet.

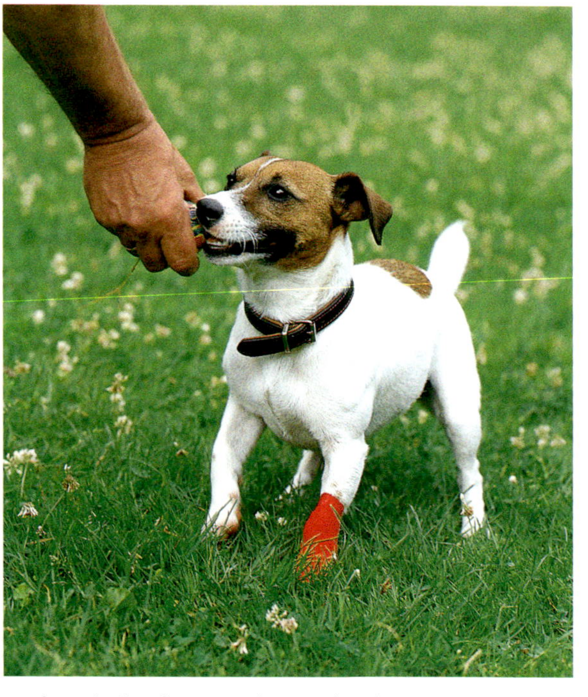

Locken Sie ihn dann mit dem Leckerchen. Der Hund soll mit dem Verband ein paar Schritte laufen.

Augentropfen eingeben

Augenentzündungen oder -verletzungen kommen bei Hunden häufig vor. Dann müssen Sie Augentropfen verabreichen. Gerade im Kopfbereich findet der Hund Manipulationen sehr bedrohlich, weil Sie ihm dabei direkt in die Augen schauen müssen.
Das Augentropfen-Eingeben können Sie gut üben:

- Setzen Sie die Handkante der Hand mit dem Tropffläschchen auf dem Kopf des Hundes ab. Die Öffnung des Fläschchens muss hierbei nach unten zeigen.
- Stützen Sie mit der anderen Hand das Kinn des Hundes und heben Sie seinen Kopf leicht nach oben an.
- Ziehen Sie, wenn Ihr Hund die Augen zukneift, nun sanft mit der Handkante der Hand, die auf dem Kopf aufliegt, die Haut nach oben und mit der Hand, die das Kinn stützt, die Haut nach unten. Der Augenspalt wird dadurch etwas größer.
- Lassen Sie nun einen Tropfen in das Auge fallen und belohnen Sie Ihren Hund für seine Kooperation, wenn er sich ruhig verhalten hat.

Bei dieser Trainingsmethode sieht der Hund das Fläschchen mit den Augentropfen praktisch nicht, denn Sie halten es von hinten oben an ihn heran.

Wie man hier gut erkennen kann, muss man mit dem Tropffläschchen dem Auge nicht nahekommen. Falls der Hund das Auge zukneift, kann mit der linken und rechten Hand die Haut etwas auseinander gezogen werden, so dass die Tropfen gleich ins Auge gelangen.

Augentropfen: Fehlerfalle

Fehler: Auf diesem Bild hier kann man erkennen, weshalb vielen Hunden dieses Prozedere sehr unangenehm ist. Je weiter von vorne und je näher man mit dem Tropffläschchen an das Hundeauge herankommt, umso bedrohlicher ist es für den Hund. Hier wird der Kopf auch nicht angehoben. Entsprechend schwer ist es, einen Tropfen, der stets nach unten aus dem Fläschchen herausfällt, ins Auge einzubringen.
Je näher Sie mit dem Fläschchen an das Auge herankommen, umso größer ist die Gefahr, den Hund zu verletzen, wenn er eine Abwehrbewegung macht.

Halskragen tragen

Nach einer Operation müssen Hunde häufig einen Halskragen tragen, damit sie nicht an der Wunde lecken. Wenn der Hund beim Aufwachen aus einer Narkose plötzlich den Kragen spürt, bedeutet das Stress. Dieser Stress kann verringert werden, wenn der Hund den Kragen vorher im Rahmen einer Übung als ein „lustiges" Hilfsmittel kennen gelernt hat. Wie auch das Tragen eines Verbandes oder Maulkorbes können Sie das Tragen eines Halskragens mit Ihrem Hund prophylaktisch üben, dann macht es ihm im Ernstfall keine Angst mehr. Ein gesunder Hund ist offen für Übungen, in denen er sich ein Leckerchen verdienen kann, ein kranker oder frisch operierter Hund ist jedoch meist ängstlich und angespannt.

Achtung:
Das Tragen des Kragens ist für Hunde aus zwei Gründen unheimlich. Erstens, weil der Kragen ihr Blickfeld einschränkt, und zweitens, weil sie mit dem weiten Kragenrand plötzlich an Möbelstücken oder Türrahmen anstoßen, an denen sie vorher ohne Probleme vorbeilaufen konnten. Die Übungen sollten deshalb nach Möglichkeit in so kleinen Schritten aufgebaut werden, dass im gesamten Übungsverlauf nie Ängste auftreten.

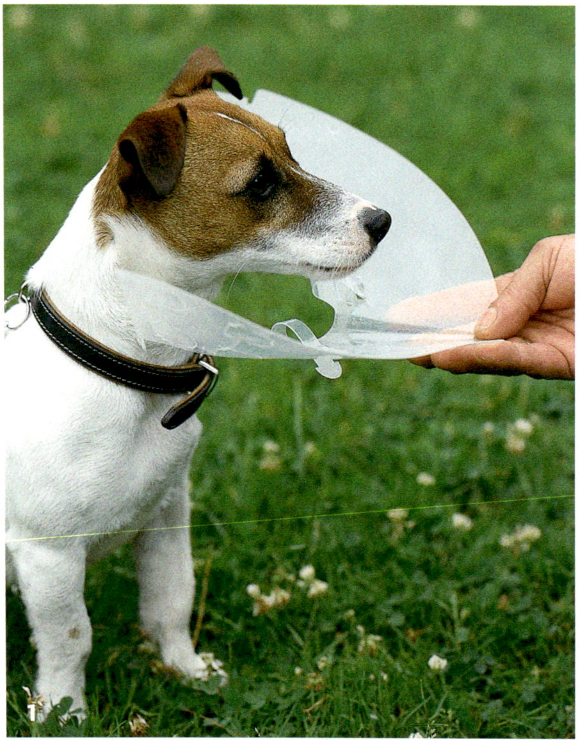

1

- Legen Sie anfangs den Kragen flach ausgebreitet auf den Boden und lassen Sie den Hund ein paar Leckerchen fressen, die Sie auf den Kragen legen.
- Halten Sie im zweiten Übungsschritt den Kragen etwas höher als auf Brusthöhe (1),
- und füttern Sie den Hund wiederum vom Kragen aus oder über den Kragen hinweg, indem Sie ihm die Leckerchen von Hand anbieten.

2

- Der nächste Schritt besteht darin, den Kragen nun langsam zu schließen. Bei diesem Hund sieht man, dass nun Unsicherheit aufkommt. Wenn Sie so etwas beobachten, müssen die einzelnen Trainingsschritte vereinfacht werden!
Üben Sie in diesem Fall die ersten Übungen noch häufiger und steigern Sie nur ganz langsam den Anspruch der Übung (2).

Tipp:
Bei Hunden, die diese Übung bedrohlich finden, sollten Sie den Kragen zunächst nur um den Hals halten und noch nicht schließen, damit Sie ihn jederzeit problemlos öffnen können.

Weitere Übungsschritte

- Sobald Sie Ihrem Hund den Kragen problemlos anlegen können, ist es an der Zeit mit dem Hund zu üben, wie er sich mit dem Kragen bewegen kann. Locken Sie ihn hierfür mit Leckerchen zunächst in der Wohnung durch einen Raum, aber so, dass er nirgendwo anstößt. Lenken Sie ihn gut ab und belohnen Sie ihn häufig, damit ihm die Übung Spaß macht und er „vergisst", dass er einen Kragen trägt. Halten Sie die Übungszeit noch kurz.
- Wenn auch dies gut gelingt, können Sie den Hund mit dem Kragen auch einmal etwa an ein Tischbein heranführen. Lassen Sie ihn sachte anstoßen, aber achten Sie darauf, dass der Hund sehr langsam läuft, damit er beim Anstoßen nicht erschrickt.
- Lassen Sie den Hund dann auch kurze Zeit den Kragen tragen, ohne Übungen zu machen. Belohnen Sie ihn aber zwischendurch immer einmal, wenn er ganz entspannt ist. Optimal ist es, wenn er lernt, mit dem Kragen zu schlafen.

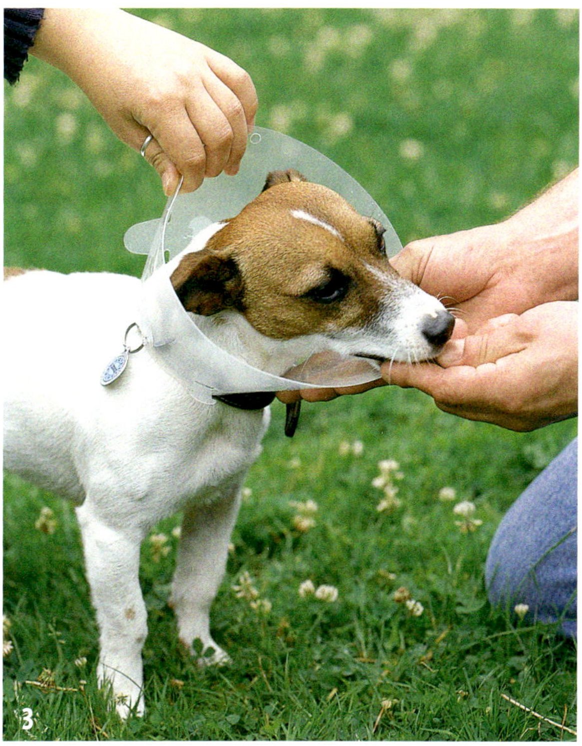
3

4

- Wenn Sie eine Hilfsperson haben, kann diese Übung besonders einfach umgesetzt werden. Einer soll ganz langsam (gegebenenfalls auf mehrere Übungen verteilt) den Halskragen schließen, während der andere den Hund mit Leckerchen versorgt (3).
- Wenn Sie den Kragen hinter den Ohren zuhalten können, ohne dass Ihr Hund in Stress gerät, können Sie ihn wirklich einmal kurz schließen. Ihr Hund sollte für seine Duldsamkeit wiederum Leckerchen bekommen. Nehmen Sie ihm den Kragen am Anfang nach ein paar Sekunden wieder ab.
- In den nächsten Tagen können Sie dann in kleinen Schritten die Zeitspanne ausdehnen. Konzentrieren Sie den Hund hierbei stets auf etwas sehr Interessantes, beispielsweise sein Lieblingsspielzeug, damit er sich nicht darum kümmert, dass er den Kragen anhat (4).

Tragen eines Maulkorbes

Beim Maulkorbtraining muss ein Maulkorb ausgewählt werden, mit dem der Hund hecheln und problemlos Wasser aufnehmen kann, denn beides sind lebenswichtige Dinge, die nicht eingeschränkt werden dürfen.

Das Training soll wieder über einzelne positive Übungsschritte aufgebaut werden. Auf diese Weise kann sich der Hund leicht daran gewöhnen und wird das Tragen des Maulkorbes schon nach kurzer Zeit akzeptieren.

Tipp:
Am besten sollten Sie den Hund in der gesamten ersten Trainingsphase während des Tragens des Maulkorbes gut ablenken und von ihm ein paar Übungen verlangen, für die Sie ihn belohnen können. Auf diese Weise lernt er, dass das für ihn zunächst ungewohnte Tragen des Maulkorbes stets mit etwas Positivem – der Aufmerksamkeit und den Futterbelohnungen – gekoppelt ist.

- Legen Sie dem Hund ein sehr schmackhaftes Leckerchen innen auf den Rand des Maulkorbes (1) und lassen Sie ihn es fressen (2).
- Gestalten Sie die Übung dann etwas schwieriger, indem Sie das Leckerchen immer weiter hinten in den Maulkorb legen, so dass der Hund seine Schnauze ganz in den Maulkorb stecken muss, um an das Futter zu kommen (3).
- Wenn der Hund schon bereitwillig seine Schnauze in den Maulkorb steckt, können Sie auch Schmelzkäse oder Leberwurst von innen an die Nasenplatte des Maulkorbes schmieren. Auf diese Weise hat der Hund die Schnauze noch einen Moment länger im Maulkorb und Sie haben genug Zeit, den Maulkorb erstmalig hinter den Ohren zu schließen.
- Belohnen Sie ihn auch jetzt mit Futter, das Sie seitlich durch die Gitterstäbe stecken. Dehnen Sie von nun an die Zeiten aus, in denen der Hund den Maulkorb tragen soll, und zwar von anfangs wenigen Sekunden bis hin zu beliebig langen Zeiten, wenn der Hund schon gut daran gewöhnt ist.

Maulkorb: Fehlerfallen

Fehler: Dieser Hund versucht, mit der Pfote den Maulkorb abzustreifen. Die Besitzerin bemerkt, dass sich der Hund unwohl fühlt und nimmt ihm den Maulkorb ab. Hier treten im Übungsaufbau **zwei Fehler** auf:

1 Möglicherweise war der Trainingsschritt, den Maulkorb schon zu schließen, verfrüht, oder der Hund wurde, während er den Maulkorb aufhatte, nicht gut genug mit Futter oder einer Konzentrationsübung abgelenkt. Die Zeitintervalle, in denen der Hund den Maulkorb trägt, müssen anfangs sehr kurz gewählt werden, damit er nicht wie hier die Lust verliert.

2 Hier lernt der Hund, dass ihm der lästige Maulkorb abgenommen wird, wenn er sich sträubt und mit der Pfote nach dem Maulkorb angelt. Diese Verknüpfung ist ungünstig.
Am besten verhindern Sie von vornherein, dass solcher Unmut aufkommt; ist es dennoch einmal passiert, nehmen Sie den Maulkorb erst dann ab, wenn sich der Hund für ganz kurze Zeit artig verhalten hat.

Achtung:

Achten Sie anfangs strikt darauf, dass Ihr Hund nicht mit den Pfoten nach dem Maulkorb angelt, um ihn sich von der Nase zu ziehen. Sollte dies passieren, ist die Übung für den Trainingsstand des Hundes zu schwierig.

Lassen Sie Ihren Hund zwischendurch ausgelassen toben, damit er in allen Übungen stets vergnügt bleibt.

Gerade bei den Pflege- und Handlingübungen ist das besonders wichtig, da der enge Körperkontakt beispielsweise beim Anlegen des Maulkorbs von manchen Hunden als bedrohlich oder unangenehm empfunden wird.

Checkliste

Woran erkennen Sie eine gute Hundeschule?

Generelle Bedingungen

- Die **Freude** der Tiere bei der Arbeit sollte einem sofort ins Auge springen.
- Der jeweilige **Ausbildungsstand der Hunde** muss vom Trainer erkannt und bei der Ausbildung und im Gruppentraining auch bei der Gruppenzusammenstellung berücksichtigt werden.
- Der Wechsel von intensiven Trainingseinheiten und **Spielpausen** soll dem individuellen Trainingsstand des Hundes (bzw. der Gruppe) angepasst werden.
- Das **Trainingskonzept** soll systematisch aufgebaut sein und dem Leistungsstand der Gruppe entsprechen. Der **Übungsaufbau** sollte schrittweise erfolgen.

Gruppengestaltung

- Damit keine Stresssituationen durch Unverträglichkeit zwischen einzelnen Gruppenmitgliedern entstehen, ist auf eine **individuelle Gruppengestaltung** zu achten.
- In den **Welpengruppen** ist darauf zu achten, dass nur Welpen (Hunde bis vier Monate) und ggf. einzelne souveräne, sehr gut sozialisierte Hunde mit perfekter Beißhemmung an den Gruppenstunden teilnehmen.
- Die **Gruppengröße** muss überschaubar bleiben. Je nach Anzahl der anwesenden Trainer sollte die Stärke von sechs bis maximal acht Teams (Hund und Besitzer) auf keinen Fall überschritten werden. Es ist schön, wenn die ganze Familie am Training teilhaben kann – falls mehr Personen pro Hund am Training teilnehmen, ist jedoch darauf zu achten, dass die Gruppe überschaubar bleibt und zumindest in den Anfängergruppen nicht zu viel Ablenkung entsteht.
- In **Anfängergruppen** gibt es viel zu erklären und gelegentlich etwas zu korrigieren oder vorzumachen. Hier darf die Gruppe maximal vier bis fünf Teams umfassen.
- Die **Besitzer** sollen angeleitet werden, selbst mit den Hunden zu arbeiten. Der Trainer fungiert als Gruppenleiter. Wenn Korrekturen nötig sind, sollten diese dem Besitzer vorgeschlagen und erklärt werden.

Trainingsmethoden und Umfeld

- Das Training sollte unter **Berücksichtigung der Lernbiologie** auf dem Prinzip „Erwünschtes Verhalten wird belohnt“ basieren und gegebenenfalls Techniken der Motivationssteigerung umfassen.
- Die **Trainer** sollen über ein solides und modernes Wissen im Hinblick auf Ethologie, Haltung, Fütterung und natürlich die Lernbiologie verfügen. Der Besuch von Fortbildungsveranstaltungen auf diesen Gebieten muss selbstverständlich sein. Sie sollen außerdem die üblichen **modernen Ausbildungstechniken** beherrschen und individuell anwenden können.
- Die Trainer müssen in der Lage sein, Stresssituationen frühzeitig zu erkennen und ggf. sofort und flexibel das Trainingskonzept etwa durch den Einsatz von **Antistressoren** abzuwandeln.
- Einen wichtigen Hinweis liefert der **Geräuschpegel**. Wenn das Hundegebell zu laut ist, ist ein konzentriertes Arbeiten nicht möglich. Außerdem gehen mitunter wichtige Erklärungen der Trainer an die Hundebesitzer in dem Getöse unter. Aber nicht nur der Hundelärm ist entscheidend. Auch der Umgebungslärm sollte ein gewisses Maß nicht überschreiten.
- Ein **freundlicher Umgangston** der Trainer sollte selbstverständlich sein! Ein Hundeplatz, auf dem gebrüllt wird, ist von zweifelhafter Qualität. Dies gilt sowohl in Bezug auf die Hunde, die schließlich besser hören als wir Menschen, als auch den Hundebesitzern gegenüber.
- Auf den ausschließlichen Einsatz von **hundefreundlichen Hilfsmitteln**, beispielsweise breite Halsbänder,

ist zu achten. Selbstverständlich können auch andere Hilfsmittel wie Pfeifen, Clicker, Spielzeug etc. oder für bestimmte Trainingsanforderungen auch eine Schleppleine oder ein Hundehalfter eingesetzt werden. Wenn ein Hund durch einen Maulkorb gesichert werden muss, ist darauf zu achten, dass das Hecheln und das Trinken durch den Beißkorb nicht eingeschränkt wird.

Besonderheiten

- Individuelle Beratung ist wichtig. Hund ist nicht gleich Hund. Im Training sollen **rassespezifische Besonderheiten** berücksichtigt werden.
- Angenehm ist es, wenn verschiedene Gruppen oder **Trainingsformen** angeboten werden: Einzelunterricht, Gruppentraining, freies Treffen an den Geräten, Welpenkurse, Beratungen vor einem Welpenkauf, Theoriestunden für die Besitzer etc.
- Da Hunde kontextbezogen lernen, ist es ein großer Pluspunkt einer Hundeschule, wenn Trainingseinheiten auch außerhalb des gewohnten **Geländes** stattfinden.
- Enge Zusammenarbeit mit **Tierärzten** ist sehr wünschenswert. Besonders wenn ein Problemhundetraining angeboten wird, kommt es auf eine sichere Diagnose an.
- **Problemhunde** sollten nur in Einzelfällen und ggf. mit einem weiteren Trainer zur Betreuung am Gruppentraining teilnehmen. Ansonsten empfiehlt sich bei problematischer Verhaltensweise eines Hundes zunächst Einzeltraining.
- Es sollte immer die Möglichkeit bestehen, **Fragen** an die Trainer zu stellen. Sollte die Klärung der Fragen aufwändig sein, ist es sinnvoll, einen Extra-Termin zu vereinbaren.
- Üblicherweise sollten neue Kunden mindestens einmal bei einem Training zuschauen können, bevor sie sich zu einer **Mitgliedschaft** entschließen. Der Nachweis über regelmäßige tierärztliche Untersuchungen und Entwurmungen, bestehenden Impfschutz sowie über einen laufenden Versicherungsschutz sollten bei der Anmeldung überprüft werden.

Verzeichnisse

Literatur

Donaldson, Jean (2000): Hunde sind anders. Frankh-Kosmos, Stuttgart.
Laser, Birgit (2000): Clickertraining. Cadmos, Lüneburg.
Laser, Birgit (2001): Clickertraining für den Familienhund. Cadmos, Lüneburg.
Pietralla, Martin und Dr. Schöning, Barbara (2002): Clicker Training für Welpen. Frankh-Kosmos, Stuttgart.

Bildquellen

Die Zeichnungen S. 13 fertigte Dr. Anna Laukner, Kernen, und die Zeichnungen S. 9 fertigte Oliver Eger, Langerningen, nach Vorlagen der Verfasserin an. Alle Fotos von Dieter Kothe, Stuttgart.
Autorin und Fotograf möchten an dieser Stelle allen Hundebesitzern, die sich mit ihren Hunden für die Fototermine zur Verfügung gestellt und viel Geduld bewiesen haben, sehr herzlich danken.

Zum Weiterlesen

Del Amo, Celina (2007): Probleme mit dem Hund. Mit 13 Trainingsprogrammen. Ulmer, Stuttgart.
Del Amo, Celina (2006): Welpenschule. Ulmer, Stuttgart.
Del Amo, Celina (2006): Der Hundeführerschein. Ulmer, Stuttgart.
Del Amo, Celina (2005): Spielschule für Hunde. Ulmer, Stuttgart.
Del Amo, Celina (2006): Trainingskarten für Welpen. Ulmer, Stuttgart.
Laukner, Anna (2003): Dog-Finder. 100 Hunderassen im Partnertest. Ulmer, Stuttgart.
Ohl, Frauke (2006): Die Körpersprache des Hundes. Ulmer, Stuttgart.
Schaal, Monika und Daugschiess-Thumm, Ursula (2001): Der schwierige Hund im Training. Ulmer, Stuttgart.
Schaal, Monika und Thumm, Ursula (1999): Abwechslung im Hundetraining. Ulmer, Stuttgart.

Impressum

Bibliografische Information der Deutschen Nationalbibliothek
Die Deutsche Bibliothek verzeichnet diese Publikation in der Deutschen Nationalbibliografie; detaillierte bibliografische Daten sind im Internet über http://dnb.d-nb.de abrufbar.

Lektorat: Dr. Nadja Kneissler
Herstellung: Rebecca Barth
Umschlagentwurf: Atelier Reichert, Stuttgart
Druck und Bindung: Firmengruppe APPL,
aprinta druck, Wemding
Printed in Germany
ISBN 978-3-8001-5572-9